U0839958

每天懂一点
恋爱心理学

[日] 原田玲仁＝著

郭 勇＝译

陕西师范大学出版社

图书在版编目（CIP）数据

每天懂一点恋爱心理学 /（日）原田玲仁著；郭勇译 .
—西安：陕西师范大学出版社，2009.12
ISBN 978-7-5613-4883-3

I. 每… Ⅱ . ①原…②郭… Ⅲ . 心理学 – 通俗读物 Ⅳ .B84–49
中国版本图书馆 CIP 数据核字（2009）第 176452 号

著作权合同登记号：陕版出图字 25–2010–093
图书代号：SK9N0981
上架建议：心理学 · 时尚读物

"每天懂一点"轻悦读书系
每天懂一点 · 恋爱心理学

著者：（日）木瓜制造 / 原田玲仁
译者：郭勇
责任编辑：周　宏
特约编辑：李彩萍
装帧设计：张丽娜
出版发行：陕西师范大学出版总社有限公司
（西安市陕西师大 120 信箱 邮编：710062）
印刷：北京京都六环印刷厂
开本：880 × 1230　1/32
字数：100 千字
印张：6.5
版次：2010 年 9 月第 1 版
印次：2011 年 2 月第 3 次印刷
ISBN：978-7-5613-4883-3
定价：28.00 元

前言

没有爱情的人生是黑白的！

当我们喜欢上一个人，但无法表白或遭到拒绝时，会茶饭不思、彻夜难安，痛苦到甚至失去生活的勇气。可如果对方接受了自己，那种若狂的欣喜又好似世界上最幸福的感觉。痛哉！喜哉！皆源于那“该死的爱情”！另外，恋爱还能使人成长，在恋爱中体验到的喜怒哀乐，是最好的成长催化剂。有人说，爱情既是人生力量的源泉，也是制造彻骨痛苦的毒药。

由此可见，爱情是左右人生的一个重要存在。尽管如此，人们对恋爱的原理却知之甚少。人开始恋爱的时候，到底被对方的哪一点所吸引？为什么会喜欢上对方？“喜欢”这种感情究竟源自哪里？……我们不了解的问题还有很多很多。

这本书将为您解答有关恋爱的所有问题，并借助心理学理论来剖析“恋爱”的真实面目，帮助朋友们构筑健康的、最适合自己的恋爱形式。本书除了介绍“恋爱中存在的心理倾向”外，还会用脑科学的理论为您解释“为什么会存在这种心理倾向”。因此，这不单是一本解读“恋爱心理学”的书，还是一本“恋爱科学”书。在研究恋爱的时候，我并没有拘泥于心理学理论，而是从多个角度为大家解说“这该死的爱情”。

在心理学的领域中，“恋爱心理学”作为一个新兴的学科知名度还很低。不过，在人生之中又有什么比“恋爱”更牵动人的心弦、更能制造出不可思议的心理效应呢？掌握了有关恋爱的心理学知识，不仅可以使我们的“恋爱之路”变得顺畅，还能从中学到很多为人处事、待人接物的技巧，从而建立更加和谐的人际关系。

下面简单介绍一下本书的章节设置。序章算是一个导入部分，为您简要介绍男女之间奇妙的关系以及复杂有趣的心理；第一章从“恋的开始”入手，交待恋爱的“时间”、“地点”和“人物”。

第二章，“恋的发展”。想要拉近彼此之间的距离，该采取怎样的行动才合适？您可以在这一章中找到答案，我将为大家介绍几种约会技巧。

第三章，“从恋到爱，恋人的恋爱心理学”。对恋人来说，该怎样加深彼此的了解、增进感情、并使恋爱升华？这是第三章我们要解决的问题。此外，我还会为您介绍恋爱的原理。

第四章，“从爱到依恋，夫妻的恋爱心理学”。“人为什么要结婚？”“依恋是怎样一种感情？”围绕这些问题，我们共同来探讨有关婚姻以及夫妻生活的心理课题。

第五章，“恋爱的危机、破裂以及重整旗鼓的恋爱心理学”。当人面临失恋、离婚时，会呈现怎样的心理状态？我将为大家讲解恋爱危机的背景，希望可以帮遇到挫折的朋友们减轻痛苦，并尽快振作起来迎接崭新的生活。

第六章是最后一章，介绍一些有关恋爱的杂学以及几部经典的爱情电影。在这一章中，我们要抛开心理学，从其他角度来审视爱情。

这本书的总体结构就像是恋爱的过程：“相遇（第一章 / 恋心）”→“恋的发展（第二章 / 通向爱情之路）”→“爱情加深（第三章 / 恋人）”→“结婚（第四章 / 夫妻）”→“分手，下一次恋爱（第五章 / 分手）”。您可以从头读起，也可以从自己所处的环节开始读。

最后，向读者朋友介绍一下插画中出现的嘉宾小猴子。它们头上带花，花的颜色代表心情。我称它们为“样本猴”，是“日本猴”的亚种，而且是一种稀有动物。顺便说一下，样本猴的家庭为一夫一妻制。如果公猴出轨被母猴发现的话，结局就是被母猴用“家庭暴力”打得半死。不管怎么说，能请到稀有动物为本书做演示，我真是三生有幸。在此，对“样本猴”们的倾情表演表示特别的感谢！

木瓜制造 / 原田玲仁

CONTENTS

第二章　恋的发展

要想拉近彼此之间的距离，该采取怎样的行动才合适？
约会技巧、约会秘笈大公开！

每天懂一点·恋爱心理学/目录

CONTENTS

第四章　从爱到依恋，夫妻的恋爱心理学

从恋人到夫妻，是迈入爱情的坟墓吗？
这里有妻子和丈夫要一起看的心理学。

第五章　恋爱的危机、破裂以及重整旗鼓的恋爱心理学

对于爱情的种种“疑难杂症”，心理学是最好的药方！

CONTENTS

序章

不可思议的男女心理

有男有女就会产生恋情。

“人为什么会恋爱？”“为什么娱乐圈里的离婚率很高，甚至还出现闪电离婚？”通过解答这些与恋爱心理相关的问题，我将带您进入一个不可思议的男女心理世界。

人为什么会恋爱？①

~ 从进化心理学看恋爱 ~

人为什么会恋爱？一想到自己喜欢的人，就心花怒放、笑逐颜开；与自己喜欢的人分别，就心神不宁、寝食难安；一闭上眼睛，脑海中浮现的都是他（她）的身影……相信很多朋友都有过类似的恋爱体验。当我们遇到性情相投的异性时，经过一段时间的交往，会感觉彼此心灵相通，自然而然地就想待在一起。当然，也有人在初次邂逅时就凭直觉断定对方就是“我今生要找的人”。总之，爱情是个神奇的东西，它一直在我们身边，但何时降临就无从知晓了。

关于“人为什么会恋爱”这个问题，很多心理学家都展开过多角度的研究。其中，从进化心理学的角度来看，人类恋爱的本质原因是为了“保持物种的延续”。既然我们人类也是生物，当然就有传宗接代、延续遗传基因的本能。

为了留下健康、优秀的子孙，男性会喜欢外表有魅力且年轻的女性。由于男性没有妊娠、分娩之痛，所以与子孙的“质”相比，男性更倾向于追求子孙的“量”。因此，在潜意识中，男性更希望与多个女性，即不特定对象发生性行为。这也是男性更容易出轨的一个深层次原因。

另一方面，女性要面临妊娠、分娩，因此不可能去追求“量”。“十月怀胎”是个漫长的过程，给女性造成的身心负担也很大。所以，女性更注重子孙的“质”。从这个角度看，我们就不难理解为什么大多女性都喜欢经济宽裕、生活稳定、又年长的男性了。

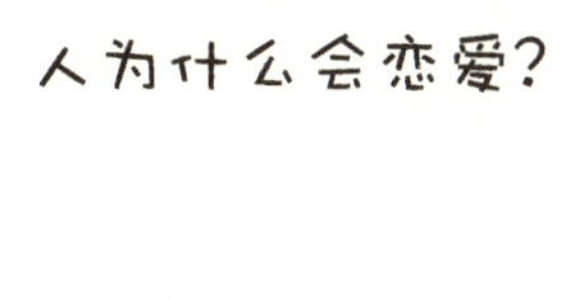
人为什么会恋爱？

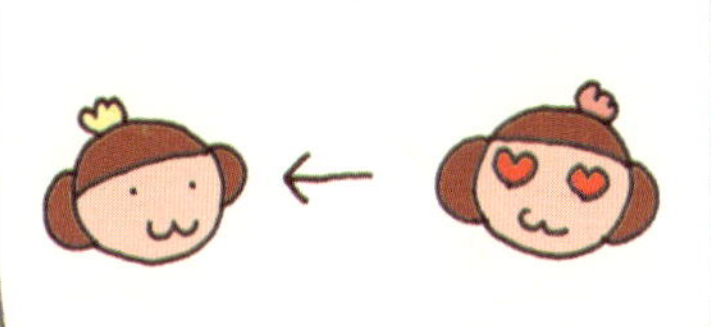

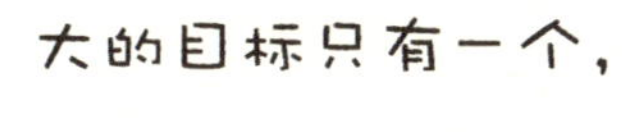
大的目标只有一个，

好对象
好子孙
就是为了更好地繁衍后代。

女性更注重男性的“质”。

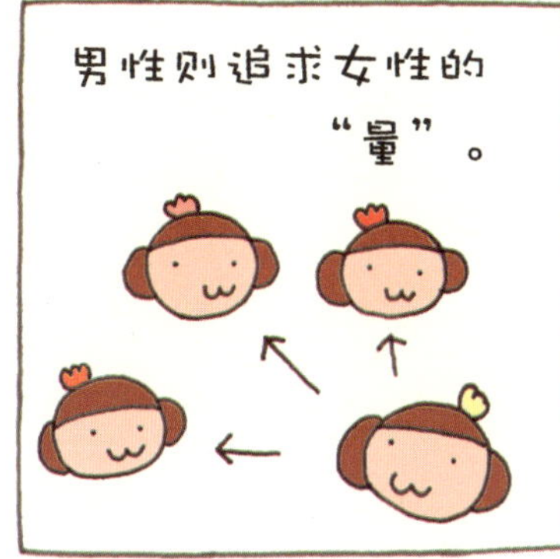
男性则追求女性的“量”。

原来这样啊，男性追求的是“量”。
看我怎么样？

喂！不是“分量”的“量”！

人为什么会恋爱？②

~ 从友情到恋爱 ~

除了“传宗接代”之外，恋爱就没有其他原因了吗？有心理学家认为，恋爱中有一种“友爱的恋爱”。所谓“友爱的恋爱”，是指异性之间在友情的基础上发展而来的恋情。最初，异性朋友之间只有友情，甚至并没有特别在意对方的性别。但随着交往的不断深入，彼此了解的程度逐渐加深，相互间产生了好感，慢慢就变成了喜爱之情。上学时，同班同学谈恋爱的现象非常普遍，最终走进婚姻殿堂的“同学恋人”也大有人在。这就是“友爱恋爱”的典型例子。

人有一种基本需求叫作“亲和需求”，即追求友善及亲密的人际关系的需求。通俗地讲，就是想和他人在一起的需求。人在独处时，常会感到不安；当有朋友陪伴时，就安心多了。而且，有朋友让我们的生活方便很多。中国有句俗话说得好，在家靠父母，出门靠朋友。因此，人在无意识中会寻找同伴、朋友。结识到异性朋友时，一开始会相敬如宾，通过交流发现彼此的共通之处后，会相互产生好感。渐渐的，便想进一步拉近彼此的距离，然后开始依赖对方，并想被对方依赖，甚至牺牲自己帮助对方。最终，产生了想独占对方的感情。这便是恋爱感情。

男女对“友爱恋爱”的看法存在有趣的差别。女性把友情和恋情的界线划分得很清楚。对男性来说，与女性长时间的亲密友情，都有转变成恋情的倾向。男性对于恋情、好感、友情、爱情等感情划分得并不是那么清楚。“男女之间存在真正的友情吗？”这曾经是一个引起广泛争论的话题。实际上，对女性来说，男女之间可以存在真正的友情；而对男性来说，恐怕就难了，因为男性容易把和女性之间的友情转变成恋情。

人会恋爱，是
因为……
叮——

人想和他人在一起，

这叫作"亲和需求"。
嗯，安心多了。

好寂寞……
有个人陪就好了……

不过……
呼

有香蕉吃
就不寂寞了！
就知道吃！

女人为什么要化妆？

~化妆与恋爱的关系~

人类化妆的历史大概可以追溯到四五万年以前。那时，人类的祖先在狩猎或驱魔仪式上会在脸上或身上涂各种颜色。在人类历史上,化妆经历过含有治病、驱魔等宗教意义的阶段，后来还曾作为区分阶级的标志。发展至今，化妆已有了美容、时尚的作用。

在现代社会生活中，化妆已成为修整仪容的一个重要组成部分。对职业女性来说，化妆和套装一样重要，可以使自己看起来更漂亮、更精干。也有女性把化妆当作改善工作心情的一种手段。让自己的形象看起来更美好的行为，在心理学上被称为“自我展示”，而化妆对女性来说是必不可少的一种自我展示。

每个人都憧憬自己拥有健康的肌肤、美丽的外表、不凡的气质……如果在这些方面得到他人的认可或赞赏，会获得巨大的满足感。也就是说，人有一种希望听别人赞美自己外表的心理。当然，这样的赞美最好同时来自同性和异性。端庄的外表，也是人选择伴侣的一个重要标准，这点也许您平时并没有意识到。如果女性五官端庄，更容易赢得男性的青睐。其实，很多生物在这一点上都是共通的。猴子会选择牙齿整齐的异性作伴侣,鸟儿会选择尾毛整齐的异性作伴侣。

还有学者发表研究报告称，女性在排卵期这一吸引男性的重要时期，两侧乳房以及身体的其他部位都自然地接近左右对称状态。实际上，人体的各个器官在平时并不是完全对称的。但是，女性会通过化妆把左右眼睛的大小、形状画成一样的，也尽量把脸部的其他器官也装扮得左右对称。从深层次分析，这也是一种潜意识的恋爱行为。

化妆，可以说是女性的必修课。

因为心里希望别人称赞自己"漂亮"、"可爱"。

为什么娱乐圈的离婚率很高，甚至出现“闪电离婚”的现象？①

~ 倾诉交流与互补关系的重要性 ~

留心观察一下不难发现，明星们的离婚新闻占据了娱乐报刊的很大篇幅。尤其是他们的离婚速度，简直可以称得上是“闪电离婚”，令无数人乍舌。到底是什么原因导致了娱乐圈的高离婚率呢？

普通人的离婚理由中占第一位的是“性格不合”。此外，“家庭暴力”、“出轨行为”也是导致离婚的主要原因。不过，对娱乐圈人士来说，工作太忙、夫妻之间交流太少，才是离婚最主要的原因。当人心中充满不满、愤怒或悲伤时，会希望通过谈话的方式向身边的人倾诉；而高兴的时候，也希望有人可以分享快乐的心情。换句话说，人有一种向他人倾诉的需求，而妻子或丈夫是最好的倾诉对象。然而，娱乐圈人士大多工作繁忙，夫妻之间倾心交流的时间非常有限。特别是女性，倾诉需求更加强烈，总希望丈夫能耐心倾听自己的“唠叨”。当这种需求无法得到满足时，就会造成“欲求不满”。时间一长，夫妻关系自然会受到影响。所以，不管工作多忙，夫妻之间也要保证足够的交流时间。哪怕只是一个电话、几句嘘寒问暖的话，都足以化解对方心中的压力，让夫妻关系更加融洽。

心理学家默斯特因（Murstein）的 SVR 理论（详见本书第 142 页）对夫妻关系也进行了说明。“两个人被对方的外表、性格等吸引（Stimulus，刺激阶段）”，然后“相互认同彼此的价值、成为恋人（Value，价值阶段）”，最后“分担角色、相互补充、成为夫妻（Role，角色阶段）”。夫妻之间，除了在家庭生活上相互照顾、相互补充外，在性格上也要有所互补，这样才能构筑亲密的夫妻关系。然而，娱乐圈人士工作繁忙，不论是家庭生活还是性格，都难以实现相互补充，这便是导致夫妻不和、家庭破裂的主要原因。

娱乐圈流行“闪电离婚”。

这是因为平日工作繁忙，

交流机会少，

好久都没
说过话了……

生活上、性格上也难以进行互补。

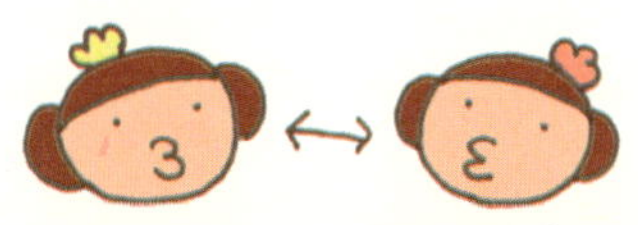

我是明星猴吉！

怎么能干那种事？

为什么娱乐的离婚率很高，甚至出现“闪电离婚”的现象？②

~ 角色性格与经济独立 ~

娱乐圈人士容易离婚的原因并不限于工作忙、夫妻交流的时间少，下面再讲两个原因。有一种心理效应叫作“角色性格”，即角色可以改变一个人的性格。人会扮演自己或社会赋予自己的角色。例如，自己是学生就应该像个学生，刚进入社会的新人就该像个新人，当了科长就该有个科长的样儿，是时装模特就该时刻保持模特气质……可别小看这种名为“角色性格”的心理效应，它的作用非常强大。很多人被赋予了某种角色的同时，性格会立刻发生变化。此外，还有人会把角色性格“习惯化”，甚至向自己本来的性格渗透。以明星为例，他们大多在家中也无法卸下“明星的架子”，很难再把自己的角色定位到妻子或丈夫的位置。无法扮演自己在家庭中的角色，说得通俗一点，那就是不称职的妻子或丈夫。那么，可想而知他们的家庭关系怎能和谐？

再有，娱乐圈人士的婚姻还有一个特点，那就是夫妻双方都有各自独立的事业，而且收入都很高。在日本的普通家庭，一般是男主外、女主内，女性大多不用出去工作而成为“全职主妇”。这样一来，即使女性想离婚，也很难下定决心，因为离婚后连维持生活都成了问题。娱乐界人士却不存在这个问题。

据统计，日本 2008 年的结婚人数为 73.1 万，而同年的离婚人数为 25.1 万。由此可见，在这个时代，离婚并不是什么稀奇的事情。特别是娱乐圈人士，因为他们知名度高，其婚姻状况也备受关注，一旦离婚，会传得沸沸扬扬。因此，在人们的印象中，娱乐圈人士的离婚率恐怕比实际数值还要高。不过，娱乐圈人士的离婚率确实要高于普通人。本书中（第 142 页）介绍了保持夫妻关系稳定和谐的秘诀，有兴趣的朋友不妨参考一下。

有一种叫做“角色性格”的心理效应。

升任科长了！

人会扮演社会或自己赋予自己的角色。

我必须得像个科长样儿！

“角色性格”的威力很强大。

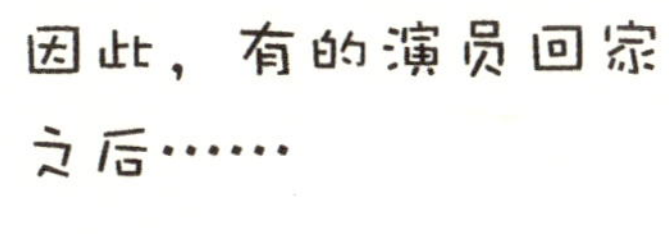

舞台上　　家里

→

依然扮演着舞台上的角色。

不行！摘了心里不舒服。

把那个妖怪面具摘掉行吗？

什么是恋爱心理学？

~ 对人魅力的研究 ~

恋爱，是人生的重要一课，它能给我们带来最最幸福的感受，也能让我们尝到世间最痛苦的滋味。在电影、小说、音乐中，我们能找出无数以爱情为主题的作品。可以说，从人类在地球上出现的那天起，恋爱就一直伴随着我们，而且是我们生命中非常重要的一部分。

我们经常听人说“喜欢一个人需要理由吗？”“爱情是没有道理的”……确实，爱情是一种非常神秘的东西，目前从科学的角度我们还无法将其解释清楚。但是，正因为爱情是我们生命中非常重要的一部分，而且对人生有重大的影响，我们才不能简单地用“没有道理的”、“神秘的”作定论，那是一种不求甚解的态度和自欺欺人的做法。虽说现代科学尚未完全破解“爱情的密码”，但也不是一无所获，我们应该努力学习已经解明的部分，尽量多掌握爱情的原理。了解了爱情的本来面目，也许就可以帮我们减轻由爱产生的痛，抑或扩大恋爱的成果。

最近，恋爱心理学的知名度不断提高，研究恋爱心理学的人也逐渐多起来。本来，对恋爱心理的研究是社会心理学的一部分，而对人魅力的研究是恋爱心理学的开端，其主要研究的课题为：人会对什么样的异性产生好感，人会在什么时候产生恋情，喜欢和讨厌的感情是如何产生的……在研究人员的努力下，我们在上述课题上已经有所突破。另外，根据行为心理学和脑科学的研究成果，恋爱行为的背景也逐渐清晰地呈现在我们面前。再有，研究人员还发现多巴胺（dopamine）和血清素（serotonin）等荷尔蒙也与爱情有着紧密联系。

本书将从心理学、脑科学、生理学、人类学等多个角度，分析研究恋爱的秘诀、恋人与夫妇的心理、感情破裂的原因等与恋爱心理有关的种种问题，以期解明爱情的本质和原理。

所谓恋爱心理学，
就是……

不把爱情搞得很神秘，

而是通过实验等方法，
科学地分析爱情。

因为……所以……

结果，可以帮助爱情
顺利发展，

相互喜欢的心理

还可以使夫妻生活变
得美满幸福。

防止吵架的心理

该死的家伙！

恋爱调查

~ 关于恋爱的问卷调查 ~

关于恋爱的各种数据倒是有很多，不过，不是欧美的就是很久以前的，我怕引用这些数据有脱离实际的危险。因此，为了取得最新的第一手资料，我开展了一项“关于恋爱经验的问卷调查”。设计的问题主要有“关于初恋”、“被对方的哪一点吸引”、“从恋爱到结婚的时间”、“从结婚到离婚的时间”等。共有 2242 人参加了问卷调查，其中男性 1341 人（59.8%），女性 901 人（40.2%）。受调查者的年龄范围很广，从 10 多岁到 90 多岁皆有，不过最多的还是 30、40 多岁的中青年。

另外，既是世界著名人类学家、又非常精通恋爱心理学的海伦 · 费舍尔博士，也进行过有关恋爱的问卷调查。费舍尔博士在问卷调查中设计了 55 个调查项目，其中包括“上课或工作中不知不觉会想念一个人”、“一天中想念对方的时间所占比例”等恋爱中呈现的显著“心理状态”。通过分析问卷调查结果，费舍尔博士发现了一个有趣的现象，即不同年龄、性别、民族、宗教信仰的人，回答问题的结果并没有太大差异。虽然不同国家、不同种族的人在心理状态上有所差异，但恋爱的心理状态，则是“万国共通”。可以说，在恋爱的世界里，人类取得了空前的统一。另外，生物学家通过对昆虫等动物的研究，发现它们的很多“恋爱行为”也和人类非常相似。

本书将以上述详实可靠且非常有趣的数据为依据，从多个角度以崭新的思维方式来分析爱情。

现在，我们进行有关恋爱的问卷调查。

恋爱问卷

参加者男女比例，

男性 59.8%

女性 40.2%

年龄跨度，

10多岁 ⟷ 90多岁

最小 18岁

最老 92岁

30多岁的最多

调查结果……

过去交往过的异性

20、30多岁 男性 4.2人

20、30多岁 女性 3.5人

其中，也有这样的人……

到现在为止，交往过的异性共有56人。

“恋”与“爱”的区别在哪里?

~“恋”与“爱”的定义~

在研究恋爱心理学之前，我们先来分析“恋”、“爱”还有“恋爱”。从语义上来讲，这三个词的定义非常暧昧，而且不同词典的释义也不尽相同。在本书中，我将“恋”与“爱”加以区分，分别进行研究。“恋”，指对某位异性抱有“喜欢，想见面”、“总想在一起”的感情，而且，这种感情得不到满足的话，会感到非常痛苦。而“爱”，则指“非常珍视对方”、“没有对方就会痛苦”的感情。此外，“爱”中还包含“独占对方（性方面）”的强烈欲望和“为了对方不惜自我牺牲”的强烈信念。也可以说，“爱”是“恋”的高级发展形态。

“恋”、“爱”产生的过程是这样的：当充满魅力的异性出现时，一开始我们会觉得他（她）“人不错”、“很漂亮”、“很诚实”等，从而产生好感。随着进一步交往，好感也逐渐加深，我们开始“想和他（她）在一起”，这便是“恋”了。“恋”继续发展，感觉“对方比一切都重要、想让他（她）幸福”，并想在精神和肉体上与对方发生联系。此时，“爱”的感情已经在心中滋长。

不过，要给“爱”和“恋”之间清晰地画一条分界线，是非常困难的。人的感情异常复杂，甚至有“恋”与“爱”共存的状态。“恋爱”这个词就是将“恋”与“爱”组合起来的表达方式，兼具两者的含义。“爱”是一种“珍视对方、不问得失的感情”，基本上只针对特定对象，而“恋”则可以“面向”多个对象。虽说“我爱你们”的表达方式并没有错，但这里的“爱”并不是一种恋爱感情。由此可见，“爱”是一个含义复杂的词，用法也很多，定义起来比较困难。

老师！
"恋"是什么意思？

喜欢某位异性，
总想和他（她）
见面的感情。

那"爱"又是
什么意思？

希望对方过得
幸福的感情。

啊！我爸爸真
是个大好人。
嗯？

他对很多阿
姨说过"我
爱你"。

样本猴小剧场

「样本猴的“明星”」之路①

样本猴猿叶娜娜小姐想成为受人欢迎的“明星”。可是关于“明星”，她有很多疑问，比如，为什么世间的男人会对女明星一见倾心？要怎样做才能成为明星？自己和明星之间有什么差距？于是，带着这些疑问，猿叶娜娜小姐拜访了认知心理学专家猿山教授。

“教授，我想当明星，请问怎样才能成为明星？会唱歌跳舞就行吗？”

“当然，会唱歌跳舞是最好的了，但是，这只是明星必备的才艺。”猿山教授回答道。

“会装可爱行吗？”

“如果具有可爱的气质当然最好不过了，但是，这也不是成为明星的充分条件。”

“那到底是什么呢？”猿叶娜娜小姐急得涨红了脸。

“别急，接下来我慢慢给你讲。”说着，猿山教授站在黑板前，开始给猿叶娜娜小姐上起课来。

（待续）

第一章

“恋”的开始

“恋”在“何时”、“何地”、“与谁”发生？在本章中，您会找到答案。此外，关于“第一印象的重要性”与“一见钟情的不可思议性”，也一并为您进行详细讲解。总之，本章就是围绕着“恋”开始时的种种心理效应展开的。

恋在“何时”产生？①

~ 初恋时期 ~

恋爱，是没有年龄限制的。几岁小孩可以恋爱，八十老翁也可以恋爱。我们将第一次对异性产生的喜爱之情称为“初恋”。初恋既特殊又重要，而且，初恋的对象也因人而异。对方可能是幼儿园的老师，也可能是同班同学，还可能是电视中的偶像明星……在我进行的“关于恋爱经验的问卷调查”中，就设有“初恋时期”一项。结果，初恋发生在托儿所、幼儿园的占13.8%，在小学时代的占57.4%，在初中时代的占21.7%。

【初恋时期】

时期	比例
托儿所、幼儿园	13.8%
小学	57.4%
初中	21.7%
高中	3.7%
大学	1.1%
进入社会以后	2.3%

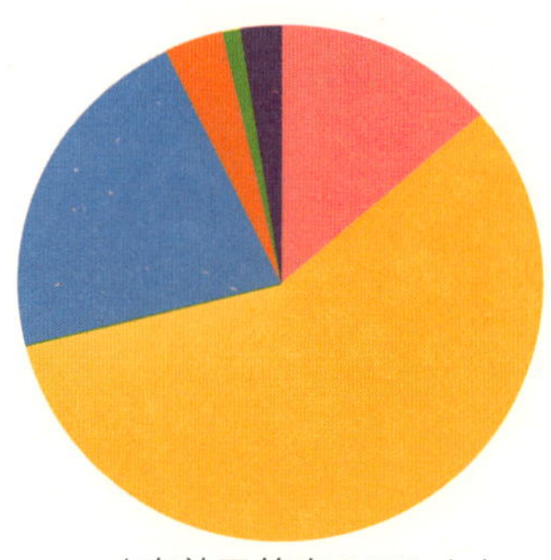

（有效回答者2420人）

由统计结果可见，升入初中前，已经有七成左右的人有过恋爱初体验。这里所讲的初恋区别于通常所说的恋爱，不过是将对母亲的爱转移到他人身上的一种感情，只是成长过程中的一种经历。初恋的产生，可能是出于对异性的好奇，也可能是受将异性据为己有的一种“独占欲”影响。当孩子进入托儿所、幼儿园时，已经可以区分自己的东西和别人的东西了，并有了“我的”、“你的”的概念，于是有的孩子想把异性老师“占为已有”。这种感情也被认为是“初恋”。

第一次对异性产生的
喜爱之情，
啊，老师。

被称为初恋。
老师，好帅！
哇！

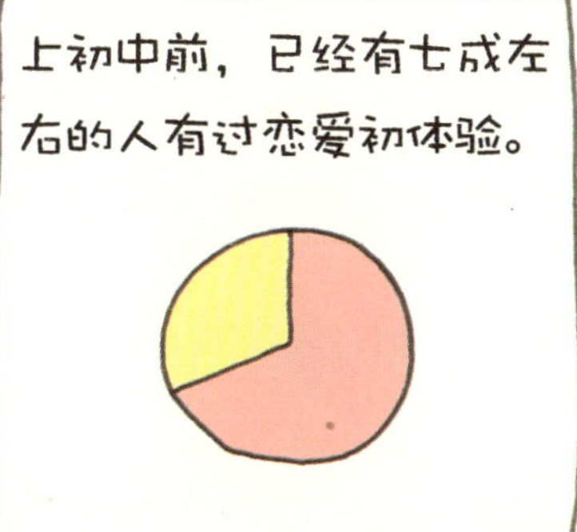
上初中前，已经有七成左
右的人有过恋爱初体验。

初恋时甜美的回忆。
我喜欢你！
我也喜欢你。

我们
永远在一起！
嗯！

30年后……
啊……
我的初
恋啊。
好的。再用点力！

恋在“何时”产生？②

~ 谈恋爱的高潮时期 ~

不过，也并非所有的初恋都出于好奇心或独占欲。有的孩子具有不同于成年人的“恋爱感情”。一般来说，人首次对异性产生“喜欢”的恋爱感情最多发生于青春期（12~17 岁）。人在进入青春期后，身体迅速成熟起来，对性行为也产生了兴趣。由此，便开始关注异性，而寻找异性伴侣也是人类的一种动物本能。

根据“关于恋爱经验的问卷调查”结果，初中生（13~15 岁）有“初次谈恋爱”体验的人占 36.9%，为所有年龄段中比例最高的，高中阶段（16~18 岁）则为 27.1%，初高中合计 64.0%。也就是说，大部分人的“恋爱初体验”发生在青春期。

【初次谈恋爱时期】

时期	比例
托儿所、幼儿园	0.9%
小学	10.1%
初中	36.9%
高中	27.1%
大学	12.6%
进入社会以后	12.4%

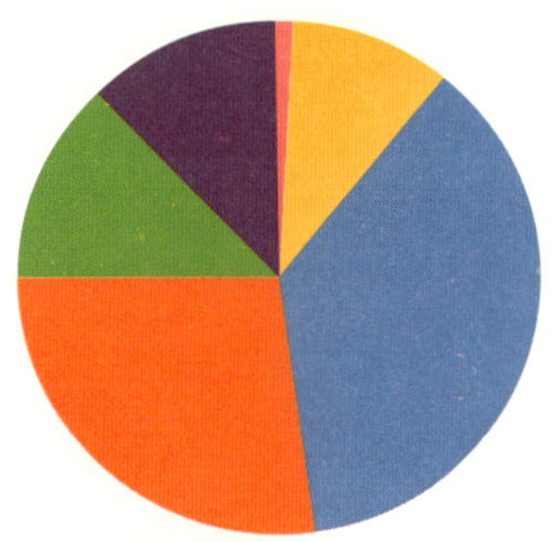

（有效回答者 2420 人）

此外，进入青春期后，年轻人看到自己身边的朋友都开始谈恋爱了，于是自己也想找个男（女）朋友。心理学将这种现象称为“同调行为”，同调行为就像一种强迫观念，看朋友都有了男（女）朋友，人会感觉自己也必须找一个。这样一来，人就会自然降低对恋爱对象的标准，更容易确立恋爱关系。很多人在临近圣诞节时，会非常想谈恋爱，这就是典型的同调行为。

进入青春期后，
12～17岁

从本能和心理上，人都渴望有个恋人。

好的！
到今年圣诞节之前，
一定要找个男朋友！

对不起！
接受我吧！

和我交往吧！
不好意思！

结果，
今年也……
泡汤了。
欢迎光临！
圣诞节大甩卖

恋在“何时”产生？③

～人这一辈子，恋爱要谈到什么时候？～

人这一辈子，恋爱要谈到什么时候？通常，我们认为人上了年纪后，就没什么兴趣和精力再谈恋爱了，其实不然。国外曾有人对少年、青年、中年、老年等不同年龄层的对象开展过有关恋爱的调查，结果发现，恋爱感情的强弱并不存在明显的年龄差异。

当然，随着年龄的增长，人的性欲会减退。因此，老年人对恋爱感情的表达方式和青壮年有所不同。不管怎么说，60岁的老人和18岁的青年一样，都会谈“轰轰烈烈”的恋爱。据统计资料显示，日本每年70岁以上结婚的人数超过4000人（2006年日本厚生劳动省《有关婚姻状况的统计》）。虽然不能说所有婚姻都是恋爱的结果，但我相信大部分老年人会选择用结婚的形式证明他们的恋爱感情。

看到这里，您不免会产生一个疑问。之前我讲过，有一种说法认为，人类谈恋爱的原因是为了“传宗接代”。那么，老年人谈恋爱的原因又是什么呢？如果从人类学的角度来解释这个问题，我们可以把恋爱的热情理解为“生命能量之源”，它能够使人保持活力。在养老院中，经常有两个老伯为追求一个大婶而成为情敌的状况出现，甚至还会发展到大打出手的地步。这种现象虽然不太和谐，但从另一个角度看，我们不得不惊叹恋爱使人精神和肉体保持年轻的神奇作用。恋爱中的人，不论男女老幼，都充满了活力，这就是爱情的力量。

可以说，恋爱是人生中必不可少的组成部分，与年龄没什么关系。而且，无论对于人类的生命活动还是精神活动来说，爱情都发挥着重要作用。

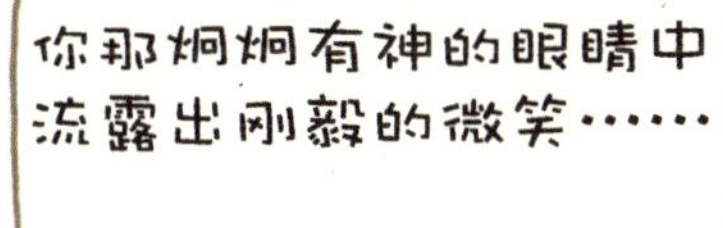
你那炯炯有神的眼睛中
流露出刚毅的微笑……

嘿嘿

不过，你那闲不下
来的大嘴从早到晚
说个不停……
嗯?

不满意我?

恋爱永无终结，在爱
情面前70岁也不算老。
70岁
50岁
30岁

爱情赐给人生命
的能量。
年轻
活力
能量

美智子大婶发来
了短信情书……
哔哔

人在“何时”谈恋爱？

~ 容易发生恋情的时机 ~

恋爱达人这样说：“恋爱就是感觉和时机。”

其实，这句话非常有道理。两个人相恋，除了性格和价值观等因素需要一致或相配之外，相遇的时机也十分重要。当有一个非常合适的恋爱对象出现在我们面前时，如果我们已经有了恋人或者因工作忙得焦头烂额，恐怕就会错失与那个人深入交往的机会。对于恋爱来说，有容易产生恋情的时机，也有不容易产生恋情的时机。

举例来说，在转职、升学、参加英语培训班等转换新环境或迎来人生新转机的时候，容易产生恋情。人在新环境中，目的意识强，注意力集中。与此同时，脑内物质多巴胺分泌量增多，心跳加速、感觉爽快、充满活力。这些都和恋爱的状态非常相似。在这种情况下，如果结识新的异性朋友，人会把自己心跳加速等状况误认为是因异性造成的，甚至会怀疑自己是不是喜欢上了对方。如果对这种错觉放任不管、任其发展的话，多半会真的喜欢上对方。

此外，在工作受挫、事业失败、失恋等精神脆弱的时候，人也容易产生恋情。在这种状态下，如果有异性走进自己的生活，我们多半会对对方产生好感。试想一下，在我们情绪低落时，有个异性为自己加油鼓劲，喜欢上对方也是很自然的事情。而且，人在受挫时，会贬低自己，对他人的好感度反倒得到提高。这也是精神脆弱时容易产生恋情的原因之一。

什么时候容易产生恋情？
何时？

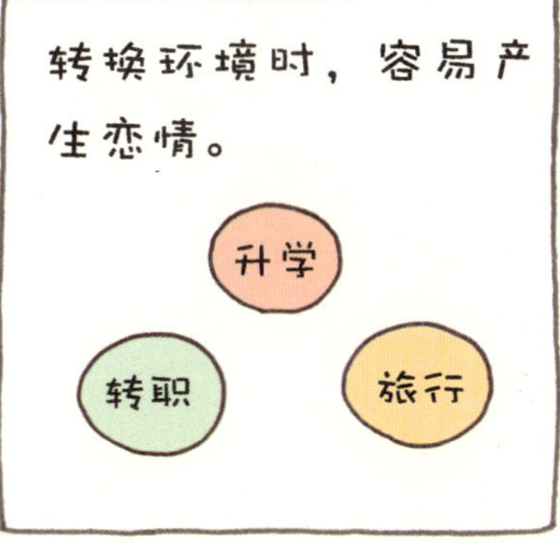
转换环境时，容易产生恋情。
升学
转职
旅行

例如，转学……
我是新转来的猿乌玲子，请多关照！

为什么被男生看着会觉得心脏怦怦直跳？

莫非这是爱情的开始？

原来在这边……
校长

恋又在“何地”产生？①

~恋爱感情与距离成比例~

在人的一生中，任何一个阶段都具备谈恋爱的基本条件。不过，恋爱是两个人的事情，如果没有相遇，无论如何也不会有下文发生。询问那些没有恋人的朋友为什么还单身时，大多数回答都是：“遇不到合适的。”确实，现代人的工作异常繁忙，而居住环境也比较闭塞。虽然高楼林立，但邻里之间却极少往来。结果，便使我们结识异性的机会少得可怜。那么，我们该怎么办呢？

科学家通过对人们恋爱心理的研究，发现心理距离和物理距离是成正比的。人更容易对身边的人产生好感，甚至发展为恋情。有研究人员曾对情侣们的相识场所进行调查，结果发现，排名靠前的几个场所分别为“职场或与工作相关的场所”、“学校”、“打工场所”等。在问卷调查中，初恋对象最多的是学校同级学生，占69.6%，其中51.2%是同班同学。这种人容易对身边的人产生好感的现象，在心理学上被称为“接近因素”。不信您留心观察一下，公司的同事、学校的同学，都是距离比较近的关系比较好。

此外，美国心理学家博萨德曾对5000对已经订婚的情侣进行调查，结果发现，其中两地分离的情侣最终结婚的比例很低。由此可见，恋爱感情和距离也是成正比的。所以，单身朋友在叹息“遇不到合适的”之前，何不先在公司同事、朋友中寻找一下呢？恋爱在自己身边发生的可能性极高。而且，在现代社会，“吃窝边草的兔子”并不丢人。

好嘞！为了找个女朋友，我也去打工。
招聘
大堂迎宾
若干名
时薪：850日元
啊！
这有一个。
招聘
大堂迎宾
若干名
时薪：850日元
这个……
一个人傻站在那儿……
怎么交得到女朋友？！
人容易和身边的异性发生恋情。
因此，学校、办公室、打工场所等，
都是恋情的“多发地”。

恋又在“何地”产生？②

～“滑雪场魔力效应”的不可思议之处～

话说在长期交往过程中，距离近的人容易产生恋情。另外，您知道吗，在旅途中或旅游休闲胜地，特别是滑雪场，一见钟情的“艳遇”发生概率极高。如果您去过滑雪场，就应该知道，那里的人看起来不是俊男就是靓女。这就是有名的“滑雪场魔力效应”，可这魔力到底从何而来呢？

在滑雪场，男女受对方吸引的原因还有一定的差别。有一家网络调查公司进行过一次有关滑雪场的问卷调查，结果发现，女性在滑雪场被男性吸引的第一原因是得到男性帮助时感受到的温暖。不少女性滑雪技术欠佳，经常出状况，这时如果有男性挺身而出、伸手相助的话，会使女性倍感温暖。这种心理很容易变成好感或喜爱之情。此外，滑雪场的景色——高山、白雪，并非日常空间，能给人造成不安感或开放感，而这种不同寻常的感觉恰好可以增强前面所讲的心理效应。

另一方面，在滑雪场，男性受女性吸引的第一原因是女性的滑雪装等外在因素。平日里，男性观察女性时，体型是决定印象最主要的因素。然而，当女性穿上滑雪服后，体型被掩藏起来，而且滑雪服颜色鲜艳、设计时尚，男性会根据自己的愿望随意想象女性的体型，从而对女性产生美好的幻想。再加上雪地的白色背景，以及反射太阳光的作用，会使女性的容貌和肤色看起来更加靓丽。雪地反射的太阳光和照相馆使用的补光灯起到了相同的作用。由于上述种种原因，在滑雪场，人都被美化了。日后在日常场合相见时，恐怕彼此都会大失所望。

滑雪场里的女性看起来都很美。
噼咔
噼咔

这是服装和反射光制造的效果。
噼咔
噼咔
色
光

另外，男性看起来也很帅。
嗨！
噼咔
噼咔

这是女性的心理在作怪。
他教我滑雪，真帅！

因此，从滑雪场开始的恋情……
好啊。
我们东京再见好吗？
噼咔

大多以“悲剧”收场。
10天后……
是那天那个人吗？她怎么变样了？

恋又在“何地”产生？③

～“第一印象”至关重要～

虽说距离近容易产生恋情，但是由于环境所限，有的朋友身边异性很少，根本就没发展恋情的机会。另外，想通过旅行、滑雪等遇到一见钟情的恋人吧，可又总似镜中花、水中月，可遇而不可求。那该怎么办呢？对于这样的朋友，还是通过“朋友介绍”、“参加聚会”等方式、再加上自己的努力寻找恋人比较现实。

在朋友介绍、聚会、相亲等容易产生恋情的场合，给对方的“第一印象”至关重要。两个人初次见面，在短短的几秒钟（1~6 秒）内就会彼此留下“印象”，不过这只是初步印象。再经过反复注视几次，才会形成比较确定的“第一印象”，而“第一印象”会在人的脑海中保存相当长的时间。我们人类有这样一个有趣的特征，即容易受到初次看到、听到的事物影响，并留在记忆中挥之不去。这在心理学上被称为“开头效应”，脑科学也把这种现象作为人类的一种认知特征进行研究。

据研究，在形成确定的第一印象之前，女性平均要注视对方 22.5 次，而男性只需要注视对方 12.8 次。由此可见，男性形成印象更快，而女性还需要反复确认几次。此外，当女性长时间注视一个异性对象时，多半有不喜欢或批评的倾向。

有时，已经和喜欢的异性接触过几次，但总得不到对方的答复，对方甚至连约会的机会都不给，这很有可能是因为自己给对方的第一印象不好。印象中包括发型、体型、姿势、说话方式、语气语调、表情等，是一个综合性的评价。而且，不同的人关注的角度也不同，比如有人特别在意别人的发型，有人则关注别人的表情。这和人的固定观念以及过去的经历有很大关系。因此，要想给对方留下良好的第一印象，首先要了解对方喜欢什么，然后“投其所好”。

好嘞，
这次相亲一定给对方
留个好印象。
Bingo!

呼
做发型
刷牙
好了
仪容仪表
OK
啦

嗯？
怎么穿着
裤衩……
最后确认一定不能马虎……

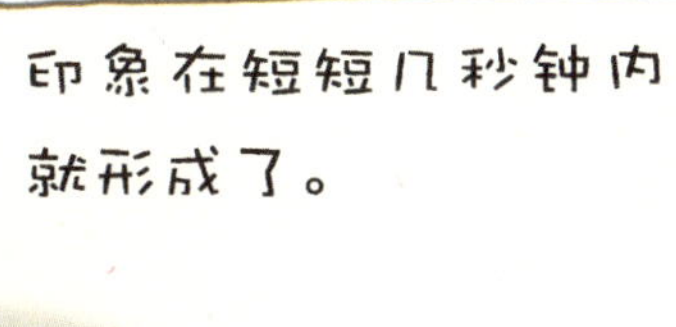
印象在短短几秒钟内
就形成了。

呼～
讨厌……

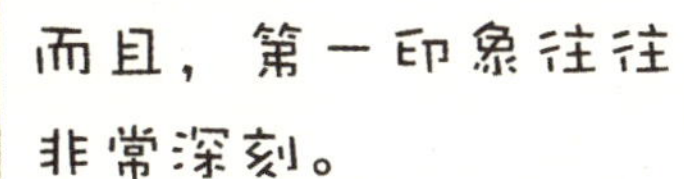
而且，第一印象往往
非常深刻。

坏印象

所以，第一印象非常
重要。

哦 哦

恋与“何人”产生？①

~自己喜欢的异性所具有的特征~

恋，会在什么人之间产生呢？实际上，每个人喜欢的异性，在身体上、性格上会有一定的特征、倾向。

身体富有魅力的人

大多数人对身体富有魅力即容貌好的异性，会产生好感。与容貌好的人交往，人会感觉自身的价值也得到了提高，会大大地满足虚荣心。此外，与容貌好的异性发生性行为，可以使人在精神上得到更大的满足。而且，希望自己的后代也遗传俊美的容貌是人类的本能。

不过，所有人都找俊男美女谈恋爱是不可能的，世界上也绝非所有人都是俊男美女。寻找恋爱对象时，人会把对方的容貌和自己的进行比较，对和自己容貌相当的异性更感兴趣。虽然俊男美女更吸引人，但如果对方的容貌相比自己好太多，容易遭到对方的拒绝。因此，人在心理上会倾向于找与自己相当的对象，这叫做“匹配假说”。

与自己相似的对象

当人遇到与自己价值观等相近的异性时，容易产生好感，继而发展恋情。这种叫做“类似性因素”的心理效应，不仅在恋爱关系中发生作用，在普通的人际交往中，也是构筑良好人际关系的一个重要因素。而且，在对方比自己稍微优秀一点的状态（尊敬状态）下，恋爱关系（或人际关系）更加稳固。

据统计，现在造成离婚的第一原因是“性格不合”，即“不相似”、“不类似”。由此可见，“类似性”不仅是最初构筑恋爱关系的重要因素，也是日后维持长期稳定的婚姻关系的一个重要因素。

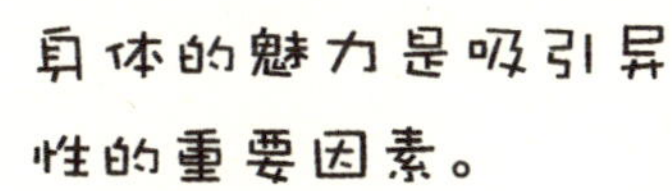

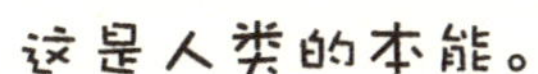

但是，普通人一般不“敢”选择美男子或大美女。

恋与“何人”产生？②
~ 女性在不经意间会喜欢上这样的男性① ~

男性和女性在选择恋爱对象时，存在一定的倾向性差异。在这里，我先总结一下女性在不经意间会喜欢上什么样的男性。

认真工作的男性

职场中的异性同事之间，容易培养出恋爱感情。他们不仅距离近，还长时间在一起相处。此外，一个团队中的同事有共同的工作目标，一起加薪时可以分享彼此的的喜悦，甚至连发牢骚、说坏话都能找到共同话题。长期相处下来，形成“心有灵犀”的默契也就不足为奇了。

还有一个因素是造就“职场恋情”的重要原因，那便是工作中适度的紧张状态。适度的紧张能够增强女性对男性的依赖度，从而加深男女同事之间的感情。而且，在紧张状态下努力工作的男性，在女性眼中充满了无限魅力。毫无怨言、埋头苦干的男性，给女性留下的多是强大、可靠的印象。女性在不经意间就会想：这样的男人，一定也能给我安全感。其实，很多女性想从男性那里得到的就是安全感和可靠感，而男性努力工作的样子恰好可以使女性联想到这两种感觉，因此会受到女性的青睐。

不过，也有另外一种情况。对于一部分女性来说，男性示弱，可以激发她们的母性，以致产生怜爱之情。不过，在女性面前到底要示弱还是表现出坚强，则要根据对方的性格来定。在职场中，建议男士还是保持坚强为好。职场是个压力环境，在这种环境中，女性表现出的依赖性更强。如果男性在职场中示弱，会让女性觉得不可靠。此外，再提醒一下那些和女朋友在一起工作的男性朋友，在工作中千万不要表现出懈怠或示弱，否则会给你的女朋友造成不好的印象。

女性从这样的男性身上可以感受到安全感、可靠感，对这种男性也充满了期待。

对工作认真 → 对女性认真
工作努力 → 收入高

恋与“何人”产生？③

~ 女性在不经意间会喜欢上这样的男性② ~

高收入的男性

大多数女性都喜欢高收入的男性。因为收入高，社会地位也高，嫁给这样的男性，自己的地位也间接得到提高，从而可以获得精神上的满足感。此外，女性还担负着生儿育女的重任，如果嫁给高收入的男性，日后在物质生活方面将后顾无忧，自己和子女也能过上稳定、富足的生活。

其实，女性喜欢高收入男性的现象并不仅仅存在于人类社会中。新几内亚和澳大利亚等地有一种名为“园丁鸟”的鸟，雄鸟在求偶时会用树枝搭建“凉亭”，并用贝壳、羽毛等色彩鲜艳的小物品装饰其间。雌鸟会选择自己最喜欢的鸟巢，并与鸟巢的主人交配。由此可见，在生物界，高收入、能力强的雄性也会受到雌性的青睐。

稍微年长的男性

女性容易对稍微年长的男性产生好感。根据日本厚生劳动省于 2006 年进行的《有关婚姻状况的统计》，日本夫妇的平均年龄差为 2.3 岁（男大女小），而初婚夫妇的平均年龄差为 1.7 岁（男大女小）。据说美国女性与大自己 4 岁以上的男性结婚的情况比较普遍。很多女性认为比自己小或者同龄的男性有点“靠不住”，所以自然而然会喜欢比自己稍大的男性。

此外，稍微年长的男性在经济方面和精神方面都比较稳定，这也正好符合女性寻求安稳的心理需求。不过，男性如果太老也不好。女性都希望能与自己喜欢的人白头到老，而且幸福的生活越久越好。如果丈夫太老，可能早早就离开自己去另外一个世界了。

高收入的男性更受女性青睐。
哈哈哈
给我买
给我买

这是生物共通的一种行为。
高收入
稳定
生儿育女也安心
富足的生活

就算是吧
您是大款呀。

我有四辆车
哇！
啊！

我家房子有500平米
好厉害！
真大！

家里除了双亲、伯父之外，还有八个兄弟姐妹，以及祖父母外祖父母四人。
我走了！
拜拜！

恋与“何人”产生？④

~ 女性在不经意间会喜欢上这样的男性③ ~

聪明、有教养的男性

知识丰富、有智慧、洞察力强的男性更容易俘获女性爱慕的目光。从女性的角度来看，聪明的男性可以让自己发现从未了解的世界，从而丰富知识、开阔视野。对于给自己带来新鲜观点和全新刺激的男性，女性往往十分仰慕。

不仅如此，找一个聪明、有教养的男朋友，女性在亲朋好友面前可以当作炫耀的资本，从而使虚荣心得到满足。此外，和聪明的男性在一起，还可以避免各种各样的麻烦和纷争。从长远角度看，自己和子女都可以远离各种危险。因此，危机管理意识强的女性，本能地会选择聪明的男性作为终生伴侣。

认真对待男女关系的男性

大多数女性都不喜欢轻浮的男性。轻浮的男性只想曾经拥有，不想天长地久。对女性来说，同时与多名男性保持关系绝非她们想要的，她们更渴望找到一名“优质”男性厮守终生。因此，女性会希望对方能够认真对待彼此之间的关系。

怀孕、分娩、育儿是女性一生中的大事。因而，需要一个能够认真考虑婚姻、生育的男性作为伴侣来帮助自己。如果找到一个不负责任的男性，那日后的负担可想而知。在恋爱中，女性受这种心理的影响非常大。如果判断对方并无意与自己发展长久关系，或者对方是个不负责任的人，那么不管多么爱他，很多女性都会果断地提出分手。希望男性了解这一点，以免在交往中伤害到女性。

女性喜欢聪明的男性。
你好！

因为聪明的男性可以给自己很多……
安全
刺激
收入

聪明男性的危机管理能力也很高。
啊！

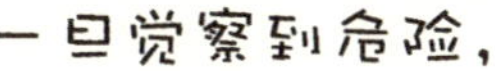
一旦觉察到危险，

喂！刚才你好像瞪了我一眼！

就会想到各种各样躲避危险的方法。
哔哔哔
$\frac{1}{2}\sqrt{x}+\log x+2x+y\cdots$

是她瞪您的！

恋与“何人”产生？⑤

～男性在不经意间会喜欢上这样的女性①～

嘴唇性感的女性

男性大多都喜欢女性的嘴唇，被女性性感嘴唇迷倒的男性不计其数。日本曾有家制药企业进行过一项有趣的调查，针对的是男性认为女性脸上哪一部分最性感，结果排第一位的就是“嘴唇”（41.2%）。男性对女性嘴唇的喜欢存在一定倾向，大部分男性会认为厚嘴唇或涂了口红的嘴唇更性感。也有男性喜欢大嘴巴女性。

至于男性为什么会喜欢女性的嘴唇，科学家们目前还没有给出一个确切的答案，但我觉得说嘴唇是“性象征”的说法比较有力。此外，还有一种说法认为，女性嘴巴的大小和日后哺乳期乳房的大小有关。据说嘴巴大的女性，那时的乳房也比较大。因此，男性喜欢女性的嘴唇，也许是看到嘴唇会无意识地联想到乳房的缘故。

年轻的女性

根据日本厚生劳动省2006年《有关婚姻状况的统计》，男女双方初婚的情况下，男女平均的年龄差为1.7岁（男大女小）；而在丈夫为再婚、妻子为初婚的家庭，男女平均的年龄差为7.7岁（男大女小）。由此可见，男性有喜欢年轻女性的倾向。

男性从本能上希望自己的子孙“量多质优”，因此，寻找年轻、生育能力强的女性作为伴侣也是一种本能。而且，年轻的女性在容貌、身姿方面也比较有优势，这也是男性喜欢年轻女性的一个重要原因。此外，在情侣或夫妻中，如果男性年龄较大，更容易获得主导权。而男性与具有一定依赖性的年轻女性之间，最容易构筑稳固的爱情关系。

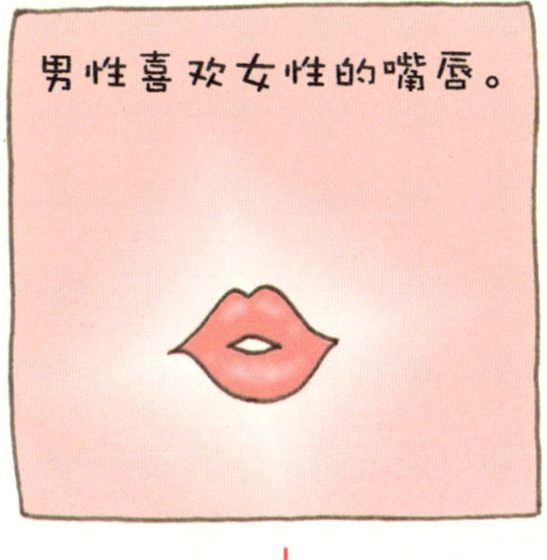
男性喜欢女性的嘴唇。

喜欢大胸女性的男性
也不少。

这是为了“多子多孙”，
嘴唇
胸部
臀部

可以说是一种本能。
嘿
叮
生殖活动

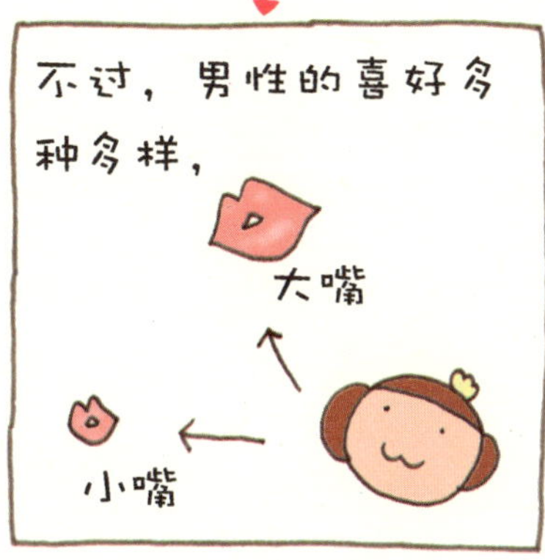
不过，男性的喜好多
种多样，
大嘴
小嘴

女性最好不要太在意
这个。
我性感吗？

恋与“何人”产生？⑥

~男性在不经意间会喜欢上这样的女性②~

持家型女性

持家型的女性对男性的吸引力也相当大，这是为什么呢？其中有很多原因，每个男性的情况不同，原因也不同。

首先，持家的女性会做饭。对于平日里忙于工作、多以盒饭或在饭店就餐解决吃饭问题的男性来说，女性做的饭菜看起来都美味极了。自己不会做的事情，对方帮自己做了，人就容易产生好感。另外，女性在家做的饭菜，无论是食材还是烹饪过程都令人放心、安心，而对于饭菜的放心感也能转化为对做饭人的放心感。于是，在男性的头脑中，“善于做饭的女性”就和“放心、可靠的女性”划上了等号。而且，当人在味觉上获得满足感时，也容易对对方产生好感，这是人的一种有趣的心理。

其次，也有很多男性单纯地认为持家型的女性才适合作伴侣、一起过日子。如果家中有位贤妻会做饭、洗衣、打扫卫生，男性就可以把精力集中到工作上。在家庭生活中，夫妻双方各有分工、相互补充才是健全的夫妻关系，彼此之间的感情也会更加融洽。最近，愿意做家事的男性相比以前有所增加，他们在家务劳动中表现积极，希望与爱人共同享受做家事的乐趣。在日本流行说法中称这样的男性为“家事男”。

此外，持家型女性不仅可以解决男性生活上的后顾之忧，更重要的是可以给男性带来精神上的安慰。工作辛劳的男性可以在家中得到放松，这对于压力巨大的现代男性来说，是多么幸福的一件事啊！

请问，您喜欢什么类型的女性？

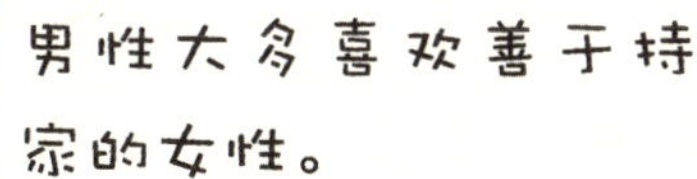
男性大多喜欢善于持家的女性。

嗯，我就喜欢。

我喜欢持家型女性。

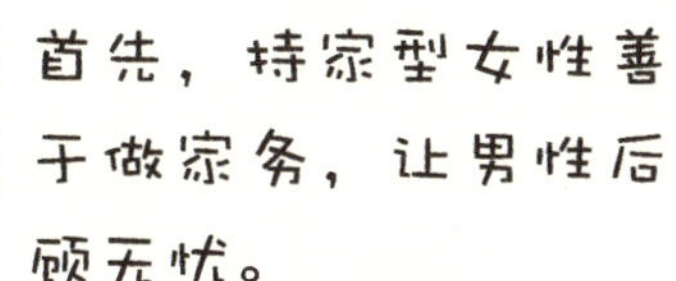
首先，持家型女性善于做家务，让男性后顾无忧。

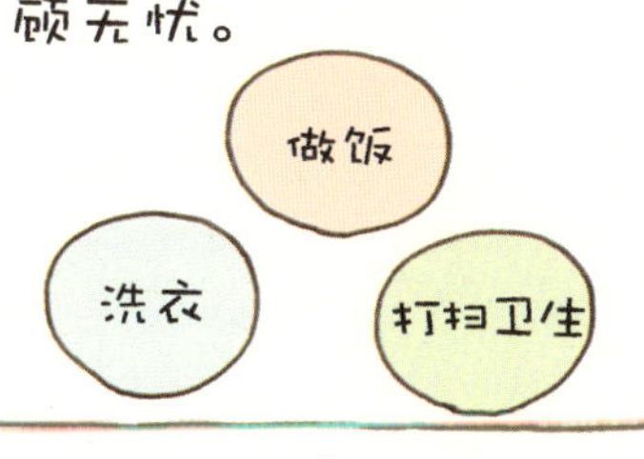
做饭
洗衣
打扫卫生

现在成了彻底的“家庭主夫”
又会做饭……
唉！真怀念那个时候啊……
吱吱

还能给男性精神上的安慰。
今天辛苦啦！
我回来啦！
呵
呵

恋与“何人”产生？⑦

~ 男性在不经意间会喜欢上这样的女性③ ~

端庄秀丽且头脑聪明的女性

端庄秀丽且头脑聪明的女性总会赢得大多数男性的喜欢。首先，这样的女性具有帮助男性完善自我的力量。她们在言谈举止、待人接物、礼貌礼仪等方面做得非常到位,在交往中可以潜移默化地影响男性,甚至将男性改造成“绅士”。

其次，和头脑聪明的女性在一起，男性不仅可以获得新鲜的知识和视角，还可以发现那些自己未曾注意到的细节。再者，和这样的女性谈恋爱，男性会觉得自己的身份也得到提高。这样的女性对男性来说，还是“可以向所有人炫耀的资本”，虚荣心借此可以得到满足。基于上述种种原因，每个人男性都想找这样的女性作伴侣。

小魔女一样的女性

像小魔女一样的女性有俘虏所有男性的强大魅力，她们天真无邪地将男性“玩弄于股掌之上”。当男性第一眼见到“小魔女”时，无不感到这样的女人是一个麻烦的对象，但是，麻烦的“小魔女”却可以带来其他女性没法给予的刺激感受。对于追求刺激的男性来说，“小魔女”是令人无法舍弃的对象。另外，“小魔女”身上充满了不安定因素，如果置之不理，她们说不定要做出什么样的事情，这又极大地刺激了男性的“保护欲”。

“小魔女”身上还带有几分歇斯底里的气质，这种气质也会让男性的恋爱欲望高涨。再从男性角度来看，对于恋爱对象，男性天生有一种“求新、求异”的猎奇心理,而“小魔女”将“可爱”与“冷淡、坏”两种极端的性格融为一体，正好刺激了男性的猎奇心理。

像小魔女一样的女性，天真无邪地将男性玩弄于股掌之上。

没头没脑就是一气撒娇。

突然之间又冷若冰霜。

阿弥陀佛。

爱情……
是残酷的。

恋开始的“第一印象”①
~光环效应/外表非常重要~

为了找一个合适的恋爱对象、谈一场“高品质”的恋爱，我们该怎样改善自己的形象，进而“操纵”别人对自己的印象呢？印象，是一种综合性评价。一般来说，它对别人产生影响的先后顺序为：“气质、外表”，“表情、视线”，“声音、说话方式”，“举止、姿势”以及“说话的内容”。

我们以聚会或相亲等场合为例，来看看我们对他人形成印象的大体过程。首先，我们到这些场合的目的是寻找恋爱对象。因此，以视觉为中心的感觉器官都进入高度兴奋状态，以便随时捕捉到合适的恋爱对象。其实，我们判断对方能否成为自己的恋爱对象，只是一瞬间的事情，此时的大脑会高速运转，进行计算、参照和分析。看到对方的脸后，大脑首先会“翻阅”记忆中储存的脸，看是否有相似的，随后根据对方的整体气质想象其性格，然后再检查各个细节……

其中，“气质、外表”是一个非常重要的判断标准。为什么这么说呢？因为人有一种根深蒂固的心理倾向，即“以貌取人”。说具体点，就是当我们看到一个外表出众的人时，会一厢情愿地认为这个人的内心以及其他一切都很好。例如，看到一个人穿得西装革履，我们就认为他有教养、诚实、可靠。心理学将这种现象称为“光环效应”。也就是说，当一个人的容貌、发型、服装等外表形象光鲜亮丽时，我们容易主观地判定这个人的内涵也很有魅力。

这是一种非常强大的心理效应，不过也常被坏人利用。很多诈骗犯会精心打扮自己，想用西装革履、金表名包来迷惑对方，让人误以为他们诚实可靠。虽然我们不是骗子，但在寻找恋爱对象时也要注意外表，给人留下良好的第一印象是赢得美人芳心的第一步。

外表很重要。
人主观地认为外表好的人，内心也好。
内
外
我发明了一个可以看透人心的眼镜。
啊？
这样我们就不会再以貌取人了。
好厉害！
嗯？
哎？
好可怕！

恋开始的“第一印象”②

~脸是第一印象的关键~

人在第一次见面的瞬间，首先会看对方的脸。人可以从对方脸上获得各种信息，并以此作为判断对方的重要标准。在第一印象中，从脸部获得的信息极其重要，因为人对脸非常敏感。在我们的大脑中，有一种只对人脸产生反应的细胞，而且这种细胞极其发达。正因为如此，我们才能从成千上万的人中辨认出自己认识的人，脸上任何一点差别都逃不出我们的眼睛。因此，想给别人留下良好的第一印象，首先要注意的就是自己的脸。

脸固然重要，不过想做大的改变也不是一件容易的事。虽然现在整形技术相当发达，但并不是每个人都可以接受这种方式的改变。如果只对脸部进行临时的小改动，那就容易多了。对女性来说，化妆就是最简便的方法。化妆的关键不是“自己想变成什么样”，而是要考虑“会给别人留下什么样的印象”。

很多女性为了提高“回头率”，重点对眼睛进行化妆。要知道，“回头率”不一定等于“好印象”。因此，在化妆之前，首先一定要明确“想给别人留下什么样的印象”，然后再从服装、发型、化妆等多个角度为自己设计一个具有平衡美感的形象。即使化过妆的脸与素颜的自己有一定的差距，但只要第一次见面让对方对自己产生好感，以后素颜相见时，一般也不会让人大跌眼镜。因为一旦喜欢上一个人，人就愿意去包容她（他）的一切。虽然过度化妆不太好，但巧妙地利用化妆为自己赢得异性的青睐，从心理学角度来说是非常有效的。

另外，提醒男性朋友要注意的一点就是发型。也许你并不在意自己的发型，但最低标准也应该干净、整洁。最好能用发型衬托出开朗明快的脸，能显得年轻就更好了。很多找不到女朋友的男士，就是因为头发问题吃了亏。

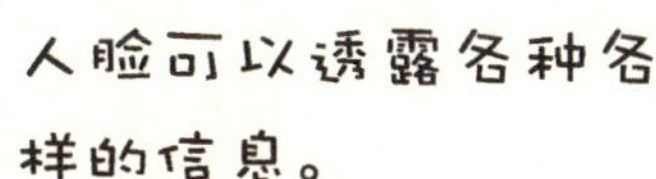
人脸可以透露各种各样的信息。

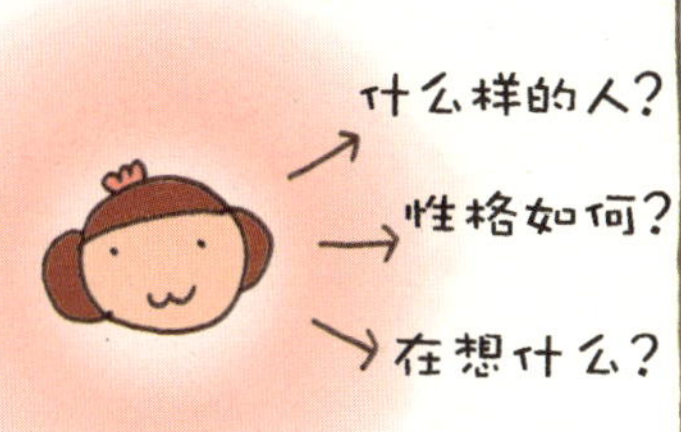
什么样的人？
性格如何？
在想什么？

化妆不是只给自己看的，
噗
噗

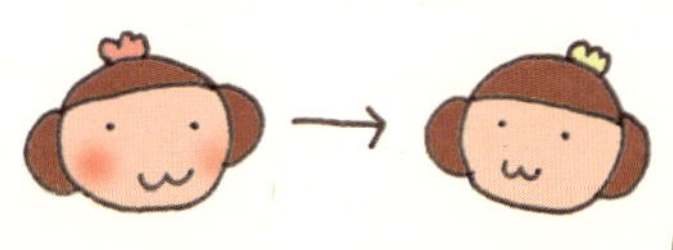
最好还要考虑会给别人留下什么样的印象。
看起来如何

明白了！
看我的吧。

噗噗噗噗

哈哈，你想让别人怎么看你？
完成了！

恋开始的“第一印象”③

～“笑”的技巧～

初次见面,想给对方留下好印象,还有一个威力强大的“武器”,那就是笑容。通过笑容判断人也是我们的心理倾向之一。若一个人笑得天真烂漫，我们会认为这个人的性格也很天真烂漫。

有很多朋友不太擅长“笑”，笑起来很不自然，甚至“皮笑肉不笑”，这样不但不能给人留下好印象，搞不好还会起到反作用。因此，我们有必要站在镜子前重新确认一下自己的笑容。一般来说，我们认为笑容是天生的、无法改变的，但实际上，通过训练是可以加以矫正的。美妙的笑容是给人留下好印象的一个“诀窍”。找一找这样的书很有意思 ，想认真实践的朋友不妨去买一本来多多练习。如果嫌麻烦，也可以按照以下几个步骤进行练习。

①“笑由心生”，即只有发自内心的笑，才是最自然、最美的笑。因此，和人交往时，必须心存善意。心中的善意以笑容的形式反映在脸上，对方自然会感受到你的善意，并形成良好的印象。

②面对镜子，练习将嘴角上扬。可以单靠脸部肌肉控制嘴角，也可以用手辅助，每次大约坚持 10 秒。稍微露出牙齿，效果更好。要注意每天勤刷牙，保持牙齿洁白，否则再怎么笑也起不到作用。

③练习眯眼睛。可以闭上一只眼睛，让这一侧的脸颊肌肉提高，从而提高表情肌肉的灵活性。

④说完一句话后，有意识地加入一个无声的“i”音，即只摆出发“i”音的口型。比如，“你好啊！（i）”。摆口型的时候，嘴角自然就上翘了，习惯后，就自然变成了微笑。

听到“练习笑”，也许你会感觉丢脸，抑或不屑一顾。可是，笑容可以让我们的世界变得更美好，也可以让周围的人变得更开心。不仅如此，经常笑还能让我们自己的性格变得更开朗，也能给别人留下好印象。笑如此有用，我们不仅要经常笑，还要练习如何笑。

从前，有一个笑起来
非常美的女孩子。

无论走到哪里，大家都
会被她的笑容所倾倒。
啊！
太美了！

其实，在背地里……
今天练习的
项目是……

她都在努力练习笑。
嘴角上翘

眯起眼睛
啊？！

被发现了～
咕噜

恋开始的“第一印象”④
~视线与手的动作~

在人际交往中，除了笑容，视线也是一个需要注意的地方。男女初次见面时，男性一般会先看女性的脸，然后再从女性的中心部位（胸部）往下看。这是因为男性无意识地会对女性体型感兴趣的缘故。对于这样的视线，大多女性都感到非常厌恶。她们讨厌别人把自己当作“性对象”看待。所以，在这里要特别提醒男性，与女性初次面对面时，最好不要看人家肩膀以下的部位，至少一开始不可以这样看。

在男女谈话的过程中，眼神相对是比较正常的，但这事说起来容易做起来难。你一定有过这样的经历：和异性谈话时，一开始看着对方眼睛倒不难，可关键在于如何保持。长时间盯着对方的眼睛感觉很奇怪，可突然把视线移开也不自然。我教您一个方法，听对方讲话的时候看着她（他）的眼睛，到自己讲话时，有三分之一的时间可以将视线移开。听对方讲话时看着对方的脸，这是基本礼貌。如果将视线移开，有心不在焉的嫌疑，会令讲话人不爽。反之，如果一直盯着对方看，也会令人感觉不舒服。所以，寻求一个平衡很重要。有意识地把视线移开时，可以向下或向左右看。千万不可向上看，人不耐烦的时候才向上看。

另外，一般情况下我们都是看对方的眼睛。眉毛和鼻子构成的三角区也是视线停留的适当位置。再有，即使你心里特别紧张，最好也要控制住自己表情，至少不能频繁地眨眼睛。因为一副坐立不安的样子，将有损对方对你的好感。

在交往中，还有一个容易被忽视的地方，那就是手的动作。前面讲过，视线最好不要落在对方的肩膀以下，而手的动作则正好相反，即最好不要碰自己肩膀以上的部位。有的朋友紧张的时候会习惯性地抓耳挠腮、整理头发，其实这些动作会使您在对方心中的形象大打折扣。

初次见面时，要注意自己的视线。

初次见面，女性有看男性上半身的倾向，

男性则有看女性下半身的倾向。

男性最好不要随心所欲地乱看。

真的吗？

因为女性讨厌别人把自己当作“性对象”看待。

原来是这样啊……

不过，也有例外……

为什么会发生“一见钟情”？

~ 关于“一见钟情”这种不可思议的恋爱行为，有很多假说 ~

两个人初次见面的瞬间就擦出了爱的火花，这就是所谓的“一见钟情”。那么，为什么会发生“一见钟情”呢？

至于“一见钟情”发生的原因，目前从科学的角度还没有完全解释清楚。不过，倒是有各种各样的假说，从多种角度来解释这种不可思议的恋爱行为。具有代表性的一种假说是免疫类型（HLA）的配对，即人会接收到与自己免疫类型不同的异性身上发出的某种“信息物质”，从而对对方产生恋爱感情。人类为了使自己的后代更加健康、强壮、繁盛，就必须想办法让子孙对更多的病原菌具有免疫力。如果与免疫类型完全不同于自己的异性结合，生下的后代可能同时具有父母的免疫类型，从而对更多的病原菌具有免疫力。因此，从本能来看，人会对与自己免疫类型不同的异性产生恋爱感情。

也有一种假说称，人看到与自己长相相似的异性，也会瞬间坠入爱河。从认知心理学的角度来看，当人发现别人的某个器官与自己的相似时，会对对方产生好感。我们平日里经常照镜子，因此对自己的眼、鼻、口、耳等器官十分熟悉，如果看到有异性的五官和自己相似，自然会产生一种亲切感和安心感。这种感情也会顺理成章地发展成恋爱感情。

另外还有一种假说，人类具有一种可以瞬间得出结论的“适应性无意识”能力。这种能力不同于“直觉”，是一种可以在瞬间看清事物本质或得出问题结论的能力。据说能在瞬间分辨出古董真伪的“文物鉴定专家”，就具有超乎常人的“适应性无意识”能力。如果把这种能力放在恋爱行为中，就是人在见面的第一眼就能看出对方是否是自己今生要找的人。

为什么会发生“一见钟情”？
啊！

因为对方的某个地方与自己长得相似，
眼睛和我一样，都很小……

或者在一瞬间就能看透对方。
他就是能和我厮守一生的人。
关于“一见钟情”的假说很多。

据说，文物鉴定专家的“适应性无意识”能力超乎常人。
这是真品！

啊！

What？！
赝品！

“一见钟情”是真正的爱情吗？

~“一见钟情”的心理与原理~

有多少人经历过“一见钟情”呢？“关于恋爱经验的问卷调查”结果显示，有55.2%的人有过“一见钟情”的经历，其中61.1%的男性和50.6%的女性经历过“一见钟情”。美国科学家进行的调查则显示，“一见钟情”也存在男女差异，即男性“一见钟情”发生的概率更高一些。这也从一个侧面说明男性更容易“以貌取人”，而女性更注重对方的内涵。

当人凭直觉认为“自己开始喜欢那个人”之后，就会给对方身上的优点寻找种种理由。通过寻找理由，又使自己的直觉“正当化”。这也是我们的一个有趣的心理现象。从脑的构造上来说，直觉是由大脑扁桃体掌管的。扁桃体会把以前喜欢或厌恶的情感经验保存下来，并根据这些经验进行瞬间判断，由大脑新皮层理性地思考判断的理由。

“适应性无意识能力”也是由大脑扁桃体负责掌控的。昆虫等低等生物在与异性相遇的瞬间便会产生“恋爱行为”。如果不在瞬间采取行动，以后就没有机会了。它们不像我们人类拥有移动电话、电子信箱等通讯工具，更不可能交换电话号码或信箱地址以便日后联系。我们人类凭“适应性无意识”对异性“一见钟情”，也许是动物本能的一种体现吧。

我这里有一组有趣的数据。根据美国研究人员的调查统计，美国的离婚率高达50%以上，但是，“一见钟情”的两个人结婚后，离婚率却只有20%。另外，一生中只发生过一次“一见钟情”的人也很多。也许可以说“一见钟情”是我们寻找最佳伴侣的一种特殊能力。

凭直觉的恋爱，
喜欢！

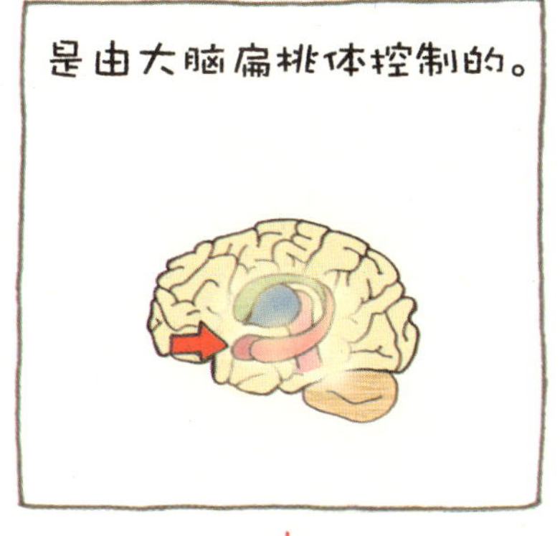
是由大脑扁桃体控制的。

扁桃体会参照以往的经验，
是这样啊。
扁桃体

然后在瞬间作出判断。
不行！这个人怎么样？

嗯，不错，是个大款。
那个人呢？

嘿嘿
扁桃体
太厉害了！连这你都知道。

女性通过嗅觉选择男性①

~ 性信息素使女性憧憬爱情 ~

在女性中存在一种奇怪的现象，那就是她会不自觉地被某个男性吸引。仔细想一想，她对该男性的外表、性格等并没有格外的好感，但不知为什么就是很在意对方，想不去想他都不行。实际上，这和“信息素”（也音译作“费洛蒙”）存在某种联系。所谓“信息素”，是同物种之间，个体对个体产生影响的化学物质的总称。以昆虫为例，它们就利用信息素进行各种交流。信息素也分很多种，对异性的性感觉产生影响的信息素被称为“性信息素”。“性信息素”事关子孙繁衍的大计，所以也是信息素中最强有力的一种。

感知信息素的器官是位于鼻子深处的雅各布森器官（Jacobson’s organ），也叫做锄鼻器（organon vomero - nasale）。猫、狗、老鼠等很多动物都具有这一器官，但鸟类没有。人类曾经有过，但现在已经退化不见了，只有在胚胎期有。

既然我们人类没有雅各布森器官，理论上讲也就无法感知信息素了，但事实并非如此。曾有科学家进行过一项实验，事先在椅子上喷洒性信息素，然后让女性随意选择椅子坐。结果发现，女性更喜欢坐喷洒了性信息素的椅子。与女性相反，男性会下意识地避开喷洒了性信息素的椅子。在某个电视节目中也进行了类似的实验。首先让多名男性穿上准备好的 T 恤衫，其中只有一件滴上了信息素，然后让蒙上眼睛的女性来选择。结果，女性选择了穿着信息素 T 恤衫的男性。而男性似乎对信息素完全没有反应，并没有发觉 T 恤衫存在差异。

感知到信息素的女性，脑内的多巴胺分泌增加，从而陷入兴奋状态。所以，感知到男性信息素的女性，马上会对爱情充满渴望。

不知为什么，

会被某个男性吸引。

这也许就是信息素的作用。

女性可以感知到男性的性信息素。

这个气味……
莫非是……
恋爱的预感？

肉丸子！

看来我是
“肉食女”。

女性通过嗅觉选择男性②

~HLA 类型是女性选择男性的重要依据 ~

最近，科学家们通过研究发现，某种“气味”也是女性选择男性的标准之一。这就是 HLA 的气味，HLA 是 Human Leukocyte Antigen 的缩写，即人类白细胞抗原，对人体免疫起到重要作用。HLA 类型非常复杂，组合方式不下数万种。在器官移植之前，就必须检查器官提供者与接受者的 HLA 类型，即 HLA 配型。如果两者的 HLA 类型不同，那么移植的器官也无法存活，还会产生严重的排斥反应，甚至危及患者生命。

每个人的 HLA 类型都不同，也是出于这个原因，每个人身上散发的气味也不同。研究人员发现，女性在寻找异性伴侣时，能够“嗅”出对方的 HLA 类型。女性不喜欢与自己 HLA 类型相近的异性气味，而喜欢与自己不同的异性的气味。我们可以用“传宗接代”的法则来理解这一现象：与 HLA 类型不同于自己的人结婚，生出的孩子可能具有更多种 HLA 类型，从而可以抵抗更多的疾病。

不过，与自己 HLA 类型完全不同的男性，也不在女性的选择范围之内。和自己差别太大的异性结合，也存在一定风险。HLA 类型完全不同的人，可能属于不同的民族，而不同民族的人可能携带未知的疾病。所以，安全起见，女性会选择与自己的 HLA 类型在原则上不同、但又存在某些相似之处的男性。

人的 HLA 类型分别从父亲和母亲那里各遗传一部分，有实验表明，女性喜欢那些与自己从父亲那里遗传来的 HLA 类型相似的男性。由此可见，女性喜欢和自己父亲相似的男性，这并不是“恋父”或“父控”，而是和 HLA 类型存在一定的关系。

性信息素让女性憧憬爱情，而 HLA 类型的气味则是女性选择男性的重要依据。

人类具有一种名为“HLA”的抗原。

Human
Leukocyte
Antigen

HLA是从父母那里遗传来的。

HLA的类型，非常复杂

A1	Cw1	B5
A2	Cw2	B51
A203	Cw3	B52
A210	Cw4	B53
……	……	……

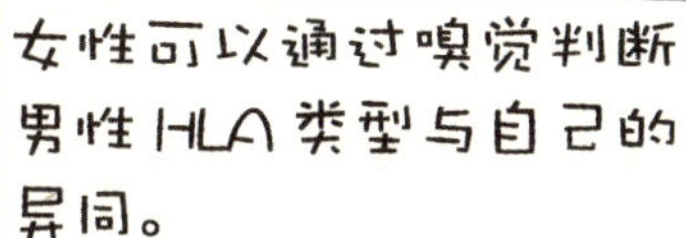

女性可以通过嗅觉判断男性HLA类型与自己的异同。

为了生一个健康的孩子，女性会选择最合适的伴侣。

这也是为什么有那么多外表不相配的情侣的秘密原因。

简直是美女与野兽。

男性通过视觉选择女性

~ 男性喜欢的女性腰身比例 ~

男性又是凭什么标准来选择女性的呢？1997年，美国研究人员以332名宾夕法尼亚大学的学生为研究对象，调查分析了他们选择恋人的标准。结果也证实，“气味”在女性选择男朋友的时候意义重大；而对于男性来说，外表是他们选择恋人的重要标准。

有一位进化生物学家认为，大多数男性看女性身体时，会把目光更多地投向女性的“腰身”。这里所说的“腰身”，是指腰部和臀部之间的曲线。女性的腰身存在明显的个人差异，而决定腰身曲线形状的是雌激素。从女性腰身的曲线形状，我们可以了解女性身体的很多情况。比如，腰围和臀围相差不多、腰身曲线比较平缓的女性，更容易患上糖尿病、高血压、心脏病、癌症等疾病。而且，由于腰身曲线的形状是由雌激素决定的，我们还能由此判断女性体内的激素分泌水平等健康状况。而男性出于传宗接代的本能，自然会选择健康的女性作为伴侣。因此，也会无意识地留意显示女性健康状况的各种信息，腰身的曲线形状就是其中一个重要信息。

另外，生物学家还对男性喜欢的女性腰身曲线形状进行了调查。结果发现，腰围与臀围比例为7∶10的女性腰身曲线形状最受男性青睐。不管胖瘦，只要达到这个比例就好。例如，腰围59cm、臀围84cm，或腰围63cm、臀围90cm等。研究人员还对描绘女性身体的330件美术作品进行了分析，结果令人吃惊，画中女性腰围与臀围的平均比例竟然也是7∶10。

不过，男性心目中的女性理想体型也受到地域和文化的影响，腰围与臀围比例为7∶10并不能通行天下。据说在南美洲和非洲，上下一般粗的圆柱形体型是富裕的象征，也是最受男性欢迎的女性体型。

男性通过视觉选择

女性。

通过腰身曲线可以获得重要情报。

健康状况

女性的脸、胸部、臀部等都是男性目光聚焦率最高的地方。

男性喜欢的腰围与臀围的比例是：

腰围
59
臀围
84

7 : 10

很多男性还会下意识地多看几眼女性的腰身曲线，

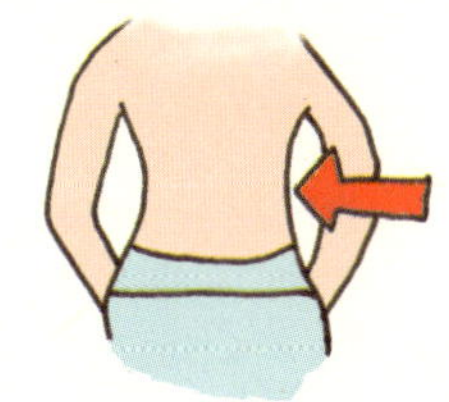

啊？曲线？我没有。

样本猴小剧场

「样本猴的“明星”」之路②

“女明星中，不论是歌唱明星、影视明星还是网络红人，都有一个共同特点，那就是对男性视觉具有强烈的刺激。”

“那只要外表漂亮就行了吗？”

“简单地说是这样的。为什么这么说呢？因为男性有通过视觉判断异性的倾向。只不过男性喜欢女性的外表类型存在一定的个人差异。”

“确实没有发现内涵比外表更有魅力的偶像明星。”

“当然，如果内涵和外表都有魅力，那肯定要脱离偶像明星，进入实力派明星甚至巨星的行列。不过，男性太注重女性的外表了，所以女性要成为偶像明星，外表是前提。”

“那您看我这个外表行吗？”

“没关系，外表在于‘包装’嘛。接下来我教你受男性欢迎的容貌、表情、举止等。”

（待续）

第二章

恋的发展

一次美丽的邂逅可能给您带来一段美妙的恋情，随着彼此了解的深入，恋情会逐渐转化为爱。这是一个怎样的心理过程？在这个过程中，哪些心理效应在发挥作用？本章将为您介绍拉近彼此心理距离的技巧以及利用心理学的巧妙约会方法等，助您的爱情顺利发展。

拉近彼此的心理距离①

~ 频繁见面 ~

在第一章中,为大家解说了恋在“何时”、“何地”与“何人”发生。那么,当我们喜欢上一个人之后,具体该怎么做呢?如何才能拉近彼此之间的心理距离呢?虽然没有可以让对方立刻爱上自己的魔法,但只要了解了下面几个心理原理,并正确使用我教您的方法,就一定能提高恋爱的成功率。

单纯接触原理

有了心上人该怎么办?如何让对方也喜欢上自己?我要教您的第一招就是“频繁见面”。如果心上人是学校的同学,你可以想方设法混进他(她)的社交圈子;如果心上人是职场的同事,你要调整自己的上下班时间与对方一致,争取在路上碰面。不管怎么样,就是多见面。“就这么简单?”肯定会有人产生这样的疑问。但我可以负责任地告诉您,这么简单的方法确实非常有效。人对多次接触的人或事物,容易产生好感,这在心理学上被称为“单纯接触原理”。

美国心理学家罗伯特·扎因斯(Robert Zajonc)通过实验证明,人们对熟悉的人或事物具有一种正面感情。他给大学生看一些随机抽取的异性脸部照片,但每张照片给受试者看的次数不同,有的照片看的次数较多,有的则只给看一次。结果发现,受试者对看的次数较多的脸更有好感。后来,把照片换成真人进行实验,结果还是一样:见面次数越多,越有好感。由此可见,只是单纯地增加接触次数,也有可能培养出好感。所以,如果您有了心上人,就尽量多在他(她)面前出现。不管怎样,“混个脸熟”先。

如果想和心上人拉近距离，那就……
啊！

尽量频繁地与对方见面。
早上好！

你好！
吃了吗？

又见面了。
晚上好！

有……有吗？
怎么这么频繁？
噗通
噗通

哎哟
我受够了！

拉近彼此的心理距离②

~常出现在对方附近 / 让对方了解自己~

靠近的因素

如果你喜欢上一个人，又想赢得对方的好感，除了频繁见面外，最好经常出现在他（她）身边。美国心理学家科恩做过一个实验，让一位男士同时与两位女士聊天，不过其中一位女士距离男士只有 50cm，而另外一位女士距离男士 2.4m。心理学家想借此研究距离与好感之间的联系。结果发现，男士对距离自己较近的女士更有好感，该女士也同样对这位男士产生了好感。美国的另外一位心理学家曾对公寓住户的关系与距离之间的联系进行了调查。结果发现，住得越近的邻居，关系越好。不仅在同一楼层存在这种现象，即使在两层楼之间，也是离得最近的邻居关系最好。由此可见，人对距离自己近的人容易产生好感，心理学将这种现象称为“靠近的因素”。

熟知性法则

单纯只是多看几眼、距离拉近一些，就可以增进彼此之间的好感。如果能够相互了解，彼此之间的好感将进一步加深。这在心理学上称为“熟知性法则”。例如，一个办公室的同事，由于每天都在一起工作，彼此渐渐熟悉起来，对“他喜欢吃什么”、“她不擅长做什么”等都有所了解。个人兴趣、爱好、特长、生活方式等各种信息都不再是秘密。如此相互了解之后，彼此之间就很容易产生好感。

根据熟知性法则，如果您的“情敌”每天和您的恋爱对象同在一个环境中工作、学习，那可就危险了。遇到这样的情况，最好尽可能多地抽出时间陪在恋爱对象身边，多向他（她）倾诉，以使对方更加了解自己。

如果了解对方太多的话，
喜欢运动
家里的长子
爱吃香蕉
就容易喜欢上他（她）。
听说你经常
去海外出差？
那你喜欢
汽车吗？

拉近彼此的心理距离③

~ 向对方倾诉一些自己的秘密 ~

自我告白

如果想拉近彼此的心理距离，还有一个方法，那就是向对方倾诉一些自己的秘密或谈论隐私性的话题。当对方了解了您的一些秘密、尤其是当他（她）知道这些秘密您从未向任何人提及时，对方对您的亲切感会立刻升温。这就叫做“自我告白”。

根据心理学的研究，当人接受了对方的自我告白后，很容易对对方产生好感。不过，有不少人也许不太愿意跟别人讲自己的秘密或谈及隐私性话题，这也许是因为他们担心和别人讲了之后会招致讨厌。其实，结果往往恰好相反。性格内向、腼腆的人，一般不太善于自我告白，会把很多秘密藏在心里。如果能够学会自我告白，不仅可以减轻因积压太多秘密而带来的心理压力，还能赢得别人的好感，说不准还能收获美好的爱情呢。因此，对于那些我们信任的人，还是敞开心扉、大胆讲出您的心里话吧！

心里的秘密、过去的糗事、曾经生过的疾病等，向对方进行较为深入的自我告白，再加上“熟知性法则”的效果，能使两个人之间的关系变得更加亲密。不过，进行自我告白的时机一定要把握好。如果两个人的交往还不多，就进行很深入的自我告白，大多时候恐怕只会适得其反。比如，对于刚认识没多久的朋友，就告诉人家一个具有冲击性的秘密，那非把人吓跑不可。所以，自我告白，也是由浅入深、循序渐进比较好。

当我们把心里话说给对方听时，对方会产生一种要进行同等程度自我告白的心理。这就是“自我告白的回报性”。两个人通过相互的自我告白，彼此共享了各自的秘密和隐私，由此形成的亲密关系可想而知。

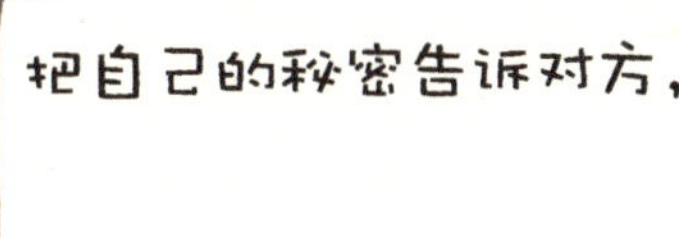

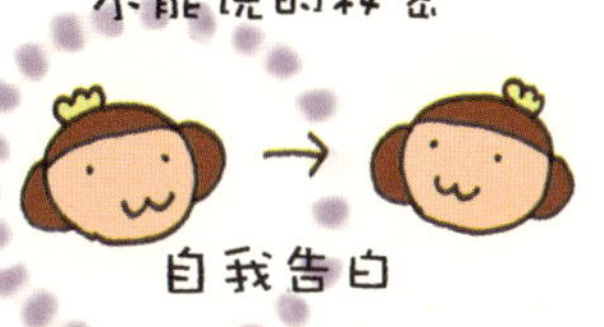

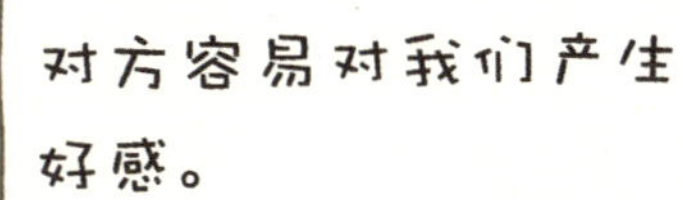

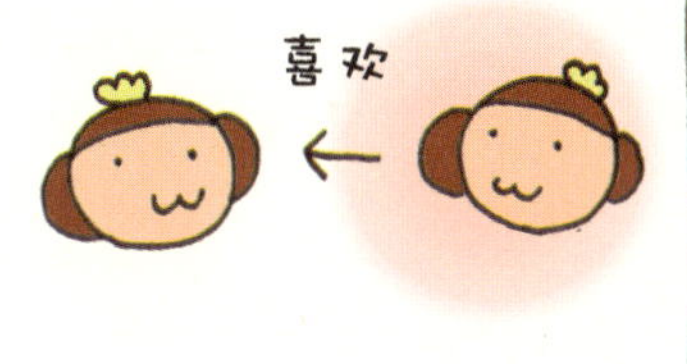

结果，对方也愿意把心里话告诉我们。

拉近彼此的心理距离④

~ 寻找共通的地方 ~

类似性因素

我们对趣味相投或生活方式相似的人容易产生好感，这也是我们人类的心理特征之一。当您有了心上人，可以先打听一下对方的兴趣爱好、喜欢的事物或食物等。假如其中有和自己共通的地方，那不妨在他（她）面前多多提及你们共通的兴趣爱好，有可能的话还可以一起分享这些兴趣爱好带来的快乐。除了兴趣爱好之外，相同的出生地也是拉近彼此心理距离的一个强有力因素。

当人了解到对方和自己存在类似性或共通性时，会感到安心并产生亲近感，进而更容易敞开心扉。这就是“类似性因素”，也是拉近彼此心理距离的一个非常有利的因素。可是，如果自己和心上人没有类似的地方，又该怎么办呢？其实也很简单，就“爱屋及乌”嘛，试着去喜欢他（她）喜欢的东西。当两个人有共同爱好时，就会有说不尽的话题，而且在享受共同爱好的同时，也享受了一起度过的美好时光。彼此之间的心理距离也就自然而然地拉近了。

此外，与类似性因素的个数相比，“类似点”的深入程度更加重要。例如，假设两个人的共通爱好有看电影、体育运动、读小说等十个，但每一种爱好的相似程度都不大；还有两个人，他们的共通爱好只有一个，就是看电影，而且单单只喜欢看法国导演吕克·贝松的电影。很明显，后两个人之间的好感度要高于前两个人。特别是当自己的某种兴趣爱好平日里根本得不到周围人的认可、而从别人眼里看到的都是不屑一顾的眼神时，如果此时出现一个人竟然也热衷于这种兴趣爱好，那么我们就会感觉自己得到了认同，心情会无比快乐。对于给予我们快乐的人，自然会对其产生好感。

因此，对于心上人，您可以有意地寻找他（她）不被人认可、不受关注的爱好，然后给他（她）支持、鼓励，并和他（她）一起享受这种兴趣爱好带来的乐趣。这样做保准能拉近彼此的心理距离。

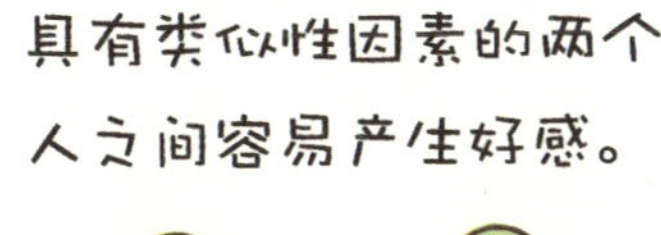

与类似性因素的个数相
比，

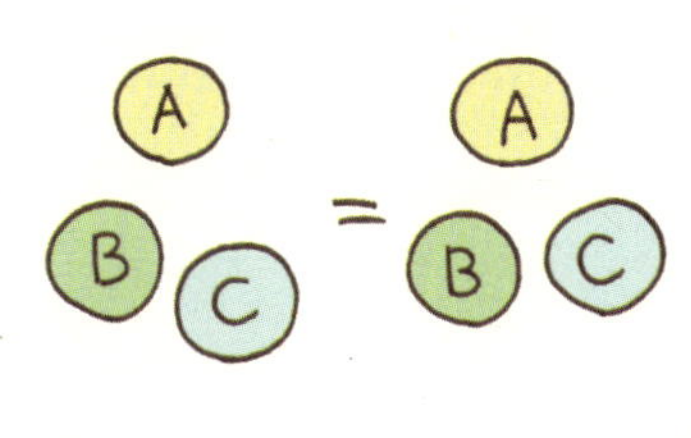

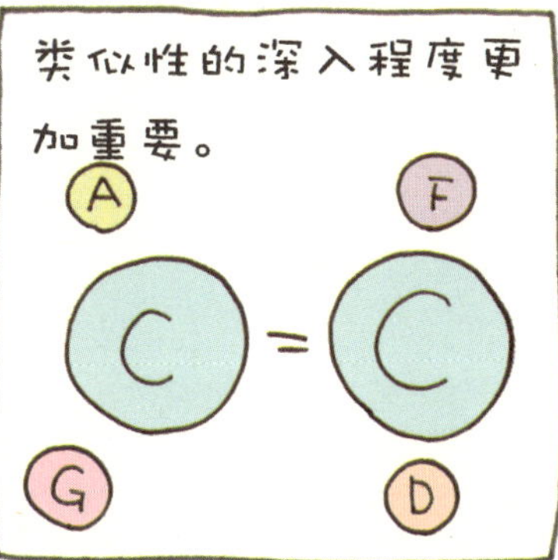

努力研究与地震相关的
知识……据说鲶鱼可以
预测地震……

拉近彼此的心理距离⑤

~请男士帮忙~

自尊心

如果您是女生，遇到了白马王子，但对方还不知道你的心意，那么该怎样拉近彼此之间的心理距离呢？教您一个简单的方法:遇到“困难”可以向他求救、请他帮忙。“请他帮忙？那会不会给人家添麻烦哟？”很多女生会有这样的担心。但我要告诉您，实际上，很多男性最喜欢别人求他帮忙。人都有一种“自尊心”，这是一种认为自己有价值的心理。男性的自尊心尤其强，当别人求自己帮忙时，自尊心会得到空前的满足。他们会认为自己在别人眼中有价值，别人“看得起”自己，因此也会感到非常高兴。

此外，女孩子通过请男士帮忙，还能得到有利于恋爱发展的“附加情报”。如果对方对自己的求助不理不睬或敷衍了事，那说明他的人品有问题，根本不适合作恋爱对象。因此，也没有必要对他苦恋不舍。如果对方愿意帮助自己，还可以在他帮助自己的过程中判断这个人办事能力的高低。如果在恋爱之前，就能对对方有所了解，一定对日后的交往有所帮助。

那么，以什么为理由拜托对方帮忙好呢？既然并不是真的需要帮助，只是以试验他为目的，那就挑一些简单的“麻烦”向他求救。可以是简单的工作、朋友的小事、电脑或家用电器的故障等。得到对方的帮助后，不仅要表达谢意，还要将自己对他“值得信赖”、“有帮助”的印象很好地传达给他。

美国心理学家格雷曾说过，想得到一个人的喜欢，就请他帮忙，让他高兴。对方帮助了我们，他的自尊心得到满足后，心情异常愉悦。那么，对于求他们帮忙的我们，自然会产生好感。因此，求人帮忙也是拉近彼此心理距离的一个技巧。

求男性帮忙，

可以使他的自尊心得到满足，

啊哈，
我很厉害！

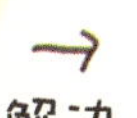

从而对请求的人产生好感。

心情愉悦

喜欢

拉近彼此的心理距离⑥

~ 不停赞美 ~

自我肯定欲求

想和心上人拉近距离，赞美也是一个不错的方法。而且，不光是赞美，还要不停赞美。在人的心里，都希望自己的行为能够得到认可、受到赞扬，这就是一种“自我肯定欲求”。因此，面对别人的赞美，虽然有时明知是巴结、奉承，但心里依然非常高兴。而且，对于满足自己“自我肯定欲求”的人，我们容易对其产生好感。“赞美”这种行为，不管是对赞美的人，还是被赞美的人，都只有好处没有坏处。

不过，想让自己的赞美有效果，最好不要刚认识就把人家吹捧上天。接触几次后再真心地发表你的赞美，这才是适当、得体的做法。刚一见面就一顿赞美的话，不仅效果微弱，搞不好还会被对方认为是“不可靠的人”。因此，对于刚认识的人，一定不可乱加赞美。如果在认识当天您一定要表达赞美之意的话，可以在分别时或者分别后用短信、邮件的形式简单地表达您的赞美，牢记：过犹不及。

此外，当我们赞美一个人的时候，对方常会谦虚地否定一下。比如，我说：“您真是太有见地了。”对方说：“没有没有，我也只是乱猜的……”这个时候，我就可以来个否定之否定，说：“不可能！我就想不到。”这种方式很有效。如果对方否定了我们的赞美，而我们没及时接一句，那么可能一切的努力都将白费。

有时，我们实在找不出溢美之词该怎么办？我教您一个窍门。如果对方是女性，可以说“您的眼睛很漂亮”、“动作很优雅”、“首饰和衣服很搭配”等，赞美她们的外表；如果对方是男性，则可以赞美他们的内涵，如“您真幽默”、“真有学识”等。

哪里哪里。

你愿意和我交往，真了不起！

过奖过奖。

你愿意和我结婚，真伟大！

岂敢岂敢。

你竟敢和我离婚，太牛了！

虽然有时明知是奉承话，

哪里哪里

你真帅！

但我们还是愿意相信那是真的。

也许我真的……是帅哥。

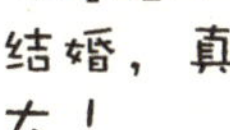

而且，容易对赞美自己的人产生好感。

她人不错。

拉近彼此的心理距离⑦

~ 总结 ~

下面，把拉近彼此心理距离的方法做一个总结。基本就是通过“频繁与对方见面”、“经常出现在对方周围”，来“让对方了解自己”，从而使他（她）逐渐对自己产生好感。

待稍微亲近一点后，可以向对方进行“自我告白”，讲一些自己的秘密或谈论隐私性话题。这样，对方会感觉我们很信任他（她），因此对我们的好感会进一步加深。如果能找到自己与对方“共通的地方”，那么他（她）对我们除了亲近感之外还能产生安心感，进而，两人之间的关系会变得越来越亲密。

如果您的心上人是男性，遇到“困难”时可以“求他帮忙”。不要担心会给他添麻烦，很多男性都喜欢被“麻烦”。而且，通过“麻烦”他，还能增进彼此之间的感情。不过，您“制造的麻烦”，要简单一点，而且要有“解决的价值”。最好是男士感兴趣的东西，比如电脑、家用电器的故障等。

接下来，就该增进关系的强效手段登场了——“不停赞美”。在赞美之前，先伸出您灵敏的“小天线”，寻找对方的优点，然后给他（她）来个“彻底赞美”。一个人从外表到内涵，只要您细心观察，还是能找到很多值得赞美的地方。

实践了上述方法之后，相信您和心上人之间的心理距离已经大大缩小了。不过，即使对方对您产生了好感，也不一定就能转化为恋爱感情。此时，一定不能心急。如果想尽快得到一个结果而犯了“冒进主义”错误的话，结果往往会给两人之间的关系蒙上阴影。如果自己已经尽了最大努力，但仍无法赢得对方爱情的话，那也应该潇洒一点，“拿出勇气，果断撤退”。如果实在放不下，也可以继续“单恋”，但绝不能苛求对方回报自己所做的一切。因为如果真正喜欢一个人的话，也应该尊重他（她）的感受。

离自己喜欢的异性近一点儿，

对他（她）进行自我告白，

再不停赞美，如果这些都不行的话……

越挫越勇！

约会的技巧①

~ 让步性请求法 / Door in the face~

通过前面介绍的方法拉近了心上人和自己之间的心理距离后，接下来就该约会了。可是该怎样开口呢？“周末一起去郊外走走怎么样？”这样直截了当的邀请当然不错，但对于很多朋友来说，很难讲出口。因为他们会想：一旦遭到对方的拒绝，好不容易培养起来的感情一定会受到影响。但总是犹豫不决，同样无法取得进展，还是鼓足勇气大胆去邀请你的心上人吧。

如果觉得邀请对方外出游玩有点唐突，那可以先从一起吃饭开始嘛。约对方的时候，一定要避免“什么时候都行”、“去哪里都可以”之类不加限定的话。即使对方答应，真正实施起来也可能遥遥无期。最好先提出一个容易遭到对方拒绝的提案，如“星期五晚上有时间的话，一起去喝几杯怎么样？”如果对方同意，那就最好不过了。但第一次约会就提出这样的邀请，大多会被拒绝。没关系，这只是我们的一个“圈套”，因为被拒绝恰好是我们的机会。拒绝别人之后，大多数人的心里都会感觉不好意思。此时，我们再提出一个相对简单的请求，如“那星期六一起吃个饭吧”，这样得到对方同意的几率就会大大增加。

人在拒绝别人之后，心里多少都会产生一些“罪恶感”。如果请对方喝酒遭到拒绝，那么接下来就提个简单一点的请求：一起吃饭。对方为了减轻自己心里的“罪恶感”，大多都会同意。所以，遭到一次拒绝并不代表一切都结束了，一定要保持轻松、愉快的心态再多邀请几次。最好第一次的请求稍微“苛刻”一点，遭拒绝后，再降低难度，效果会相当显著。

邀请对方共进晚餐被拒绝后，可以再邀请对方周末一起喝杯咖啡。这就叫做“让步性请求法”，英语中称之为“Door in the face”。其实，在日常生活中我们也经常中这个“圈套”。例如报刊推销员，他们经常一开口就叫我们“订阅半年”，我们一般都会拒绝。然后他再改口：“那就先订一个月嘛。”此时，接受的人居多。

约心上人的时候，
一起吃个饭怎么样？

遭拒绝反倒是一个机会。
对不起！

一定保持轻松、愉快的心态继续邀请。
这样啊？

拒绝我们几次之后，对方心里会产生“罪恶感”，
这样不太好吧
对不起！

接下来同意邀请的概率就会大大增加。
好啦，我同意。
太棒啦！

来，罐装咖啡。
只同意这样约会。

约会的技巧②

~ 阶段性请求法 / Foot in the door ~

“Door in the face”，是通过让步使对方产生“歉疚”心理，再利用这种心理进行请求的方法。下面，我要为大家介绍另外一种请求法。这种方法并不是一开始就提出“高难度”的请求，而是从小请求开始，一步步提高请求的难度。

“有件事想和你商量一下，想不想听？”如果一开始就这样问，对方肯定会觉得“问题有点严重”，也许就不给我们继续说下去的机会了。如果换种说法，“跟你说句话，三分钟就行”，对方一般不会拒绝。因为人都有这样一种心理，如果连别人小小的请求都不能答应的话，一定会被人瞧不起。对方同意后，我们可以带他（她）到咖啡厅或其他适合谈话的场所开始“约会”。相信对方一定不会盯着手表看，等三分钟时间一到就起身走人的。

像这样先从小的请求入手，分阶段提出更高请求的方法叫作“阶段性请求法”，英语中称之为“Foot in the door”。一些上门的推销员敲开门后，首先会说：“您不买也没关系，请先听我说几句。”听他们这样说，主人一般会把他们请进屋里。一旦推销员的脚迈进大门，他们就已经成功了一大半。因此，这种请求法被命名为“Foot in the door”。

如果觉得直接提出一起吃饭、看电影等约会请求显得唐突，可以先提出“下班路上一起去喝茶或咖啡，有点事情要谈”等小请求。另外，当对方接受我们的小请求之后，最好还要设计一下见面时谈话的内容。如果谈话内容过于肤浅，或没有什么正经事，容易被对方认为是“没事找事”。所以，还要准备一些“有谈论价值的话题”。如果约会对象是同事，那么谈论的话题可以是有关“其他同事的事”或“上司的事”。

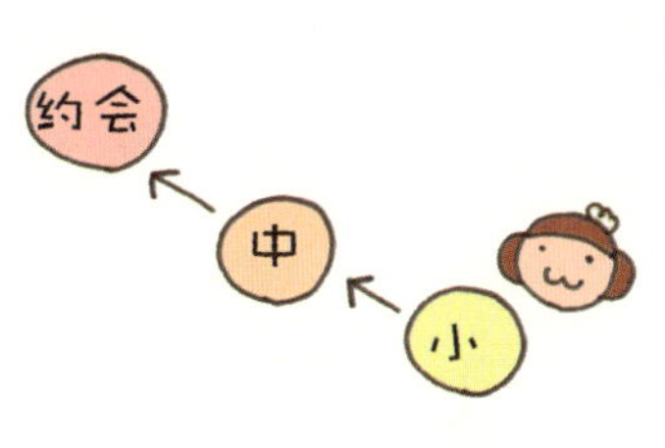
先从小请求入手，
约会
中
小

再分阶段提出更大的请求。
约会
中
小

有点儿事想和你谈，三分钟就行。
好啊。

哈哈哈哈
然后……

三分钟到了
啊？

接下来，延长的时间我要收费了……

约会的技巧③

~ 通过电子邮件或电话约会对方 ~

很多男性会把自己的电话号码或电子邮件地址告诉心仪的女性，但实际上，即使女性得到这些联络方式，一般也不会主动与男性联络。因为基本上来说，女性都在等待男性的邀请。关于恋爱，女性存在以下两种心理：第一，不希望别人认为自己很主动；第二，被人追求，对自己更有利。与男性不同，女性更加敏感、细腻，她们从不认为恋爱是件简单的事情。因此，即使女性知道男性的联系方式，也会等待男性主动采取行动。

用电子邮件或打电话的方式约对方时，我们也许不会马上收到对方回复的邮件，或者家里没人听到的只是电话录音。遇到这种情况，最好耐心等待，等第二天再采取下一步行动。如果因为没有得到回复，就反复不停地联络对方，很可能会破坏自己在对方心目中的形象。得不到回复时，很多人会认为对方不在意自己，而变得消沉。实际上，情况并不一定如此。

给对方的电话录音留言时，要用尽量简短、清晰的语言把重要信息说清楚。因为电话录音只有听觉信息，其中的不良信息会比平时更加突出，所以说话一定要注意。要充满诚意，清晰地把话说明白。

此外，电子邮件也好录音电话也罢，如果对方一直没有回应，那么联络三次是上限。此时，另寻恋爱对象才是上策。如果实在不愿放手，也要过段时间再联络，一味频繁联络就成了骚扰。

从女性的角度看，如果自己不喜欢的男士不断地给自己发电子邮件、打电话，最好能跟对方讲清楚，用婉转的方式拒绝他的好意，比如可以说“我有意中人了”、“我已经有男朋友了”等。

即使女性得到男性的联系方式，

也不会主动和对方联络的。

因为首先女性不想表现得很主动，

其次她们认为被追求对自己比较有利。

这样就可以指挥对方做这做那了。

结果，
20年过去了……
还是孤身一人。

约会秘笈①

~男性篇/初次约会如何选择餐厅~

第一次约会选择看电影或开车兜风，那其中浪漫的感觉会令人久久难以忘怀。不过，“浪漫不能当饭吃”，接下来要面对的就是“现实问题”——吃饭。选择餐厅，对于第一次约会的男性来说，可是非常考验水准的。如果能选择一家气氛、格调都很适合两人性格的餐厅，会给对方留下美好的印象，而女性会把对餐厅的印象和对人的印象叠加起来，认为约会对象很有“品味”。

那么，初次约会时，男性该如何选择餐厅呢？其实也很简单，选自己熟悉的餐厅就好。没什么约会经验的男性，经常会为此烦恼，有人则干脆依赖杂志或网络上的推荐。这样做虽然本意很好，也对女性充满了诚意，但并不一定能让您充分享受约会的乐趣。这些餐厅对您来说都是陌生的，而人在陌生的环境中难免会感到紧张，再加上初次约会时怀揣的紧张心情，后果可想而知。而且，对于男性的这些“小伎俩”，女性一眼就能识破，会认为对方是事事都要依靠书本或网络的“手册男”。本来煞费苦心地翻阅杂志、上网搜索才选好了约会餐厅，却被女性判断成靠不住的“手册男”，这又何苦呢？经过几次约会，彼此已经熟悉之后，再通过杂志、网络选择餐厅才是妙策，到时可以说：“我发现一家口碑不错的餐厅，不妨一起去试试。”而对于初次约会而言，还是选择自己熟悉的餐厅为好。

此外，过于高级的西餐厅也不太适合第一次约会。高级西餐厅的环境虽然优雅，但气氛过于静谧，本来就紧张的两个人在如此安静的气氛中，更是不知道该说些什么了。所以，还是干净整洁、气氛轻松活跃又适合年轻人的餐厅比较合适，但切忌去环境吵闹的餐厅。再者，在选择餐厅前，可以试探性地询问对方是否喜欢吃鱼等。掌握了一些基本情报后，对于选择餐厅也能提供方向性的指导。

初次约会选择怎样的餐厅，非常考验男性的水准。

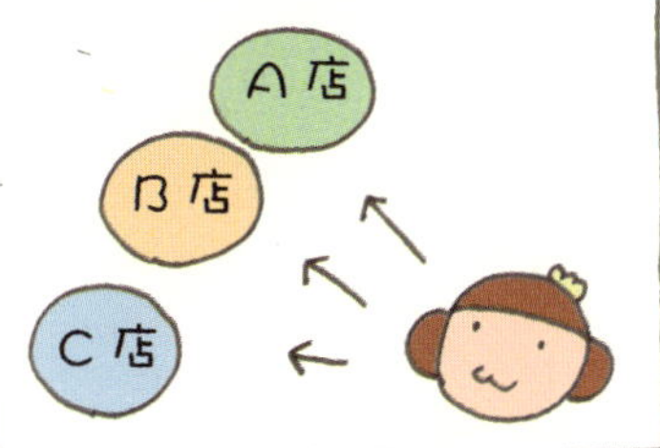

选得好，会被对方认为“有品位”。

太高级的西餐厅不适合初次约会，

冷场……

选择自己熟悉的、又有特色的餐厅比较好，

这家餐厅很不错，不过……

约会秘笈②

~ 男性篇 / 初次约会时的言行举止 ~

第一次约会，谁都想表现得自然又落落大方，但紧张的情绪是很难避免的。下面，我就教您几招，帮您除去心中的不安、尽量缓解紧张的情绪。

1. 事先准备一些有趣的话题

人一紧张，就不知道该说些什么了，接下来就是尴尬的沉默。如何避免在约会中出现沉默的尴尬状况呢？您可以事先准备一些有趣的话题并记下来，不过要藏起来，至于藏在哪儿，就仁者见仁智者见智了。由于是第一次约会，双方的了解并不深入，对方的喜好我们无法把握，但准备一些能让人发笑的话题，总是不会错的。

例如，和朋友之间的糗事、家人的趣闻等，这些话题不但能让对方发笑，还能给她留下好印象。这些话题不仅可以证明您和朋友、家人的关系好，还能从侧面印证您的人品不错，而且对方还会感觉“和这个人在一起好像很开心”。要注意，工作、旅行中的失败经历或一些低俗的笑料千万不能讲，会让对方不舒服。此外，您准备的“小抄”也一定不能让对方发现。再有，就是平时要多留意收集一些笑料、杂学、有趣的话题等，这些都有助于提高自己的口才。这样不仅在约会时能派上用场，对于工作、社交甚至人生都是大有裨益的。

2. 约会时间不宜过长

第一次约会时，虽然我们有很多话想和对方说，想和她尽量多待一会儿，但是，一个主要活动加一顿饭的安排已经算是最“奢侈”的了。

初次约会，最好选择喝茶、喝咖啡、吃饭等时间不会太久的活动。也许在约会的过程中，两个人聊得非常投机，好像总有说不完的话，但一定要控制自己及时打住，制造“意犹未尽”的气氛。这样不仅可以提高对方对我们的好感度，还能增强她对我们的渴望感，下次再约她就容易多了。相反，如果约会时间过长，既增加了暴露自身缺点的机会，也可能出现长时间沉默的尴尬局面，进而增加了约会失败的风险。

3. 用提问打破沉默

当人感觉紧张时，就不知道该做什么、该说什么了，于是，沉默就悄然降临了。约会时即使您紧张得头脑一片空白，用我教您的这一招也能立马打破僵局，那就是“提问”。通过提问，可能会找到谈话的突破口，这也是您对对方有兴趣的一个暗示。

提问也有技巧，不要问那些可以用“是”或“不是”来回答的问题，最好是“什么”、“为什么”等类型的提问。如“你的兴趣是什么”、“喜欢什么类型的音乐”、“最近看了什么有意思的电影”等。虽然提问非常好用，但也不是万能的，千万不能为了打破沉默而穷追不舍地向对方问这问那。

4. 一定要赞美对方

在约会中，一定别忘记赞美对方，而且还要多赞美几次。刚见面不久和临别之前是赞美对方的大好机会，一定要清楚明白地向对方表达自己的赞美之意。而且，挑这样的时机赞美对方，更容易给她留下印象。

人被赞美时，都会心情愉悦，而对于让自己心情愉悦的人，自然也会充满好意。因此，我们要努力寻找对方身上的优点，并不失时机地加以赞美。充满善意的“赞美”，不仅可以让对方开心，还能提高对方对我们的好感度。不仅如此，还可以培养我们看人多看优点的态度和眼光。

5. 巧妙利用镜像神经元（Mirror Neurone）

人的大脑中有一种叫作“镜像神经元”的神经细胞。这种神经细胞有一种有趣的功能，即当我们看到对方的动作、行为时，镜像神经元会无意识地指挥我们也做同样的动作、行为。两个关系亲密的人之间，经常会发生无意识模仿对方动作的行为。那么，我们反其道而行之，可以通过模仿对方的动作，来拉近彼此之间的关系。

约会秘笈③

~ 女性篇 / 运用色彩心理学巧扮“约会装” ~

约会对于很多男性来说是件紧张的事情，其实，在女性这边，也不轻松。好不容易得到心仪男生的邀请，准备赴一次浪漫之约，可是，就在出发之前，很多女生还没有挑好合适的衣服。有一个问卷调查结果显示，女性在第一次约会时大多选择穿浅色或白色的衣服，理由是想让自己看起来简单、清纯。确实，白色的上衣或裙子能让女性看起来清纯、动人。可是对第一次约会来说，稍有不妥。白色除了给人清纯的印象之外，也能让人感觉很冰冷。初次约会，总会有因紧张而出现沉默的尴尬时刻，而此时，冰冷的白色会更加突出这种氛围，使人的头脑一片空白。

如果实在喜欢白色的衣服，那不妨选择在第三次约会的时候再穿。最初的两次约会，还是穿得鲜艳、明快一点，给对方留下轻松、欢快的印象为妙。等第三次约会再穿上白色的衣服时，能让对方眼前一亮，“原来她还有这样的一面”，从而更加突出自己清纯的形象。而且，意外性能使对方对您产生更加浓厚的兴趣，起到“反衬效果”的作用。

基于上述理由，第一次约会时，女性最好不要选择白色衣服。相反，我推荐暖色系中明快的颜色。红色系有制造浪漫气氛的效果，对渴望爱情的男性非常有效；如果对方是一个可以依赖的男性，那就选择粉色系，可以刺激男性的保护欲；如果自己和对方都是轻松、快乐的人，橙色系最合适；对方喜欢追求新鲜事物的话，就选择黄色系。不过，人们对颜色的认知存在较大的个人差异，一种颜色在不同人眼中可能会产生截然相反的印象，所以不能主观地说哪种颜色好、哪种颜色不好。我认为，还是选择最适合自己的颜色、穿出自己的个性最好。

由于男性是通过视觉选择异性的，所以女性要注意自己的服饰搭配。

特别是颜色，它能在不知不觉之间进入男性的心里。

橙色给人亲切、轻松、快乐的印象，

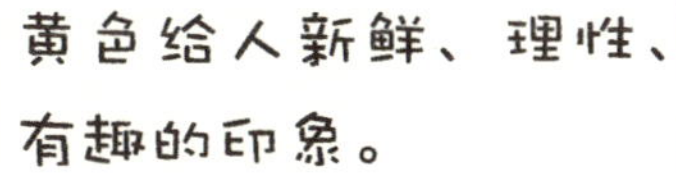

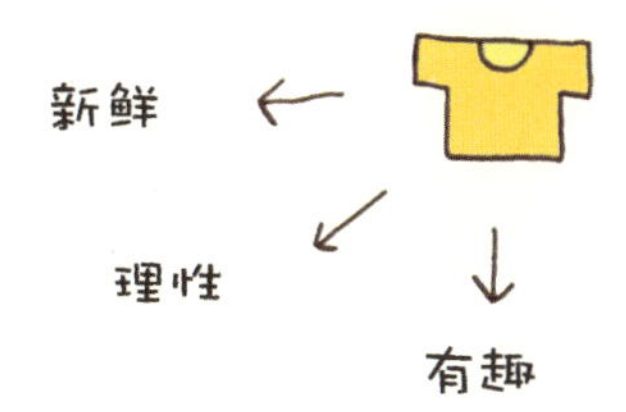

所以我们猴子选择不穿衣服。

约会秘籍④

~ 女性篇 / 初次约会时的言行举止 ~

第一次约会，怎样表现才能给男性留下好印象？下面总结几个女性在初次约会时应该注意的地方。

1. 时刻保持微笑

笑容不仅有助于制造良好的第一印象，在各种情景中，笑容都是最好的社交工具。与男性聊天或进餐时，尽量多展现你的笑容，因为笑容能让对方感觉亲切和放松。而男性对于让自己放松的人，容易产生好感。人有这样一种心理倾向，那就是会把外表的印象投射到其内涵的印象。如果一个人从外表看起来很“亲切”，那么我们大多会认为这种亲切感是由她的性格散发出来的。再有，展现笑容并不是伪装自己，人经常笑的话，性格真的会渐渐变得亲切起来。综上所述，不论是约会还是在日常生活中，适时地微笑没有坏处。

2. “男左女右”容易产生亲密感

在路上并排行走或并排坐时，如果女性处于自己右侧，很多男性会感觉更加舒服自在。中国的交通习惯是车辆靠右侧行驶，所以在人行道并排行走时，男左女右是男性的一个基本礼貌。左侧靠近车道，男性在左侧更能体现对女性的关心、呵护。此外，男性中“右撇子”的人居多，女性处在自己的右手边，也会让男性感觉很安心。

再有，人有一种优先左视野的认知倾向，所以男左女右可以让男性一直出现在女性的左视野中。这样一来，也会让女性感到安心，而安心感和好感是可以相互转化的。

3. 适当地客气一下

男女约会的费用基本都应由男性来负担，这也是一个约会的基本常识。不过，如果约会时女性从始至终都摆出一副“你请客，你付钱，天经地义”的态度，那恐怕也不太受欢迎。虽然有时即使女性主动付钱，男性也不会同意，但至少应该作出一个姿态，或者以商量的口吻询问男性：“这次我请客怎么样？”这样既表达了自己的诚意，也给男性留出了反驳的余地，所以也不会让他难堪。最后，在男性请客付钱之后，女性表示感谢的话语也不能少。另外，还可以借此机会，确定下一次的约会，“过两天我请你喝茶，作为回请，怎么样？”

4. 赞美对方

很多男性在日常生活中缺少被人赞美的经历，因此也特别渴望受到赞美，尤其是来自女性的赞美。而当真听到女性赞美自己时，很多人甚至激动得不能自已。所以，在约会过程中，女性要留心观察对方，发现他的优点，并不失时机地加以赞美，一定能取得非常好的效果。

比如，男性邀请女性去兜风，在车上女性可以说：“你开车技术真好，这么快我都不晕车。”不管喜不喜欢开车，大多数男性都爱听别人夸奖他的驾驶技术。女性可以留意对方的转向操作、换挡操作、刹车和停车技术。在第一次约会中，男性开车一般都会非常小心谨慎，肯定注意不会急刹车。当听到女性表扬自己的刹车技术时，男性除了开心之外，还会意识到“这是一个非常细心的姑娘”，从而对女性产生好印象。除了赞美男性的驾驶技术外，穿衣的品味、渊博的学识也是很好的赞美话题。如果实在找不出什么特别的褒奖之词，说一句“和你在一起很开心”，也能收到不错的效果。

样本猴小剧场

「样本猴的“明星”」之路③

“教授，那该怎么包装呢？”

“很想知道吗？”

“嗯，想知道。”

“首先，我们要了解人对异性容貌的喜好。你是女生，所以要了解男性喜欢什么样女性的脸。与细长脸相比，男性更喜欢圆脸；与浓眉相比，男性更喜欢细眉；另外，眼睛越大越好，黑眼珠也越大越好。”

“这是为什么呢？”

“因为这些都是小孩子的脸部特征。男性对具有这些脸部特征的女性，简直没有任何抵抗力。这就是传说中的‘娃娃脸（Baby Face）效应’。”

“真的吗？眼睛和眉毛倒是可以通过化妆修饰一番，但脸型轮廓就没那么容易了。”

“大人很自然地会喜欢娃娃脸，看到孩子的脸就激发出一种保护欲，可能这也是有利于人类繁衍生息的一种本能吧。”

（待续）

第三章

从恋到爱

恋人的恋爱心理学

读过前面的章节，估计您已经能和心上人相处得非常融洽了，但相处并不是我们的最终目的。我们还要加深彼此之间的感情，让“恋”升级为“爱”。那么，恋人怎么做才能增进彼此之间的感情呢？这一章就来介绍“恋人关系”中涉及到的各种心理学知识。

可以增进感情的场所①
~ 酒吧的恋爱效果 ~

为了加深彼此之间的感情，恋人们去什么地方约会好呢？对于那些为不知去哪儿约会而烦恼的朋友，我给您推荐一个好去处，那就是酒吧。酒吧里可以产生增进恋人感情的多种心理效应。

首先，大部分酒吧的光线都很昏暗，而昏暗可以遮挡别人的视线，让人能够安心地饮酒作乐。而且，昏暗的环境非常适合男女谈情说爱。心理学家卡根曾做过一个实验，目的是调查在明亮的房间和昏暗的房间中男女的行为会有什么不同。结果显示，在昏暗的小房间中，男女身体有紧密接触，亲密感激增。也就是说，昏暗的环境可以使男女之间变得非常亲密。

其次，喝了酒之后，人的视力就没有清醒时好了。所以，男性醉酒后，眼中的“美女”往往比实际还要漂亮。再加上昏暗的光线，这种效果会增强。所以，在酒吧中，很多“美女”的美貌都被“高估”了。

再有，酒吧的座椅设置也有利于拉近恋人之间的距离。恋人在餐馆共同进餐时，一般都隔着餐桌相对而坐，但酒吧中的座椅大多是近距离并排设置，和对方也相距仅 70~80 厘米。这么近的距离，已经进入了彼此的“私人空间（Personal Sapce）”。私人空间是一个属于自己的空间，一般不希望别人进入，但却希望自己的恋人一直待在里面。而且，人还有一个有趣的心理特征，那就是：当有一个人长时间待在自己的私人空间里时，我们容易对他（她）产生好感。

综上所述，酒吧可以让女人都变成“美女”，让彼此的好感进一步升华，让恋人变得更加亲密。因此，可以说酒吧是“恋爱天堂”。

酒吧是谈情说爱的好地方。

与餐馆相比，

酒吧的座位更近，彼此之间容易产生好感，

而且，昏暗的光线让恋人更加亲密。

最重要的是，酒吧能让女性看起来年轻10岁以上。

这就是“老太婆效应”。

老太婆效应

胡说！

可以增进感情的场所②

~ 可以看烟花或夜景的地方 ~

人在黑暗中，都会产生不安感，但如果身边有人，这种不安感会促进两人关系的急速发展。在心理学上，这种现象被称为“黑暗效应”。如果在黑暗中有强闪光出现，那黑暗效应的“威力”将进一步增强。例如，举行篝火晚会时，参与者会莫名地感受到一种不可思议的集体感。这就是在黑暗中有一团燃烧的火焰所制造出的心理效应。如果能够正确运用“黑暗效应”，可以使恋人之间变得更加亲密。

逢年过节，只要有烟花大会，就必然能看到情侣依偎在一起的画面。黑暗夜空中闪烁着的美丽烟花，让这样的夜晚变得浪漫无比。另外，烟花大会一般都比较嘈杂、混乱，在人群之中挤来挤去，两个人必须齐心协力、彼此照应，而这样得来的美景更是格外动人。可以说，烟花大会是黑暗效应发挥效力的最佳场所。看烟花的现场就足以让两个人变得亲密无间了，而之后关于烟花的话题也将成为两人之间共有的美好回忆。在其他场合再谈起时，心中还会涌起阵阵暖流。

要说其他增进感情的场所，那么能够边看夜景边品尝美食的地方也不错。一起看夜景本来就是一件浪漫的事，而当人品尝美食时的愉悦、满足感能与人分享时，多半会对分享的人产生好感。再加上黑暗效应的威力，效果就更好了。所以，能看夜景又能品美食的地方，绝对是情侣谈情说爱的“圣地”。

此外，黑暗与光的组合，有一种使人丧失理智的“暗示效应”。实施催眠术时，很多催眠师会在黑暗的环境中使用钢笔式的小手电筒；夜晚在高速公路上驾车行驶的司机，看到黑暗中浮现的路灯，很容易感觉困倦等，都是因为这个原因。所以，看烟花、夜景时，恋人们就没有白天那么理智了，甜言蜜语也更容易钻进心里。

愚蠢的人谈恋爱……
嘣
嘣

聪明的人谈恋爱……
嘣
嘣

烟花真大呀！
你的声音更大！

真漂亮啊！
你的脸更漂亮！

爱情结束了……

感情加深。
Love
Love

可以增进感情的场所③

~恐怖电影和过山车~

在恋爱心理学上，曾有一个著名的实验。加拿大心理学家达顿和阿伦在两座桥上分别对18~35岁的男性进行问卷调查。一座是高悬于山谷之上的吊桥，吊桥距离下面的河面有几十米高，而且左右摇晃、异常惊险；另一座则是架在小溪上的一座坚固的木桥，高度也很低。心理学家先让一位漂亮的女士站在桥中间，并由这位女士负责对男士们进行问卷调查。然后，让接受实验的18~35岁的男性过桥，并在桥中央接受问卷调查。

做完问卷调查后，那位女士会对男士说："如果想知道调查结果的话，过几天给我打电话。"并将自己的电话号码告诉男士。结果，数日之后，给这位女士打电话的男士中，过吊桥的男士远比过木桥的男士多。为什么过吊桥的男士会有这样的行为呢？因为他们把过吊桥时那种战战兢兢、心跳加快的感觉误认为是恋爱的感觉了，而恋爱也会令人心跳加速。这就是所谓的"吊桥理论"或者"恋爱的吊桥理论"。

利用这一心理效应，一起去看恐怖电影也是增进感情的好方法。看恐怖电影时那种心惊肉跳、血液倒流的感觉，会被误认为是对恋爱对象的爱情。不过，虽然这个方法不错，但也要具体情况具体分析。如果女性完全不喜欢恐怖电影，那么硬拉她去看的话，结果肯定适得其反。而且恐怖电影也分很多类型，还要摸准对方的喜好，否则也只能起反作用。再有，初次约会的男女最好不要一起去看恐怖电影。

除此之外，游乐园的过山车也会产生类似的效果。我们经常能看到这样的情景，女性在过山车上一边尖叫一边拼命抓紧男友的臂膀。

如果不太能接受恐怖电影和过山车的强烈刺激，也可以选择去高层建筑的顶楼观光台约会。例如日本的东京塔，那里的观光台有玻璃地板，走在上面就像悬空一样，有点恐怖。

下次我们做什么？
去看恐怖电影怎么样？

好啊！
嘿，中计啦！

啊！

太恐怖了！心脏还在怦怦直跳！
称心一笑

那种心跳的感觉……我好像恋爱了。
嘿嘿嘿嘿……

我好像爱上了那个怪物。
怎么会……

可以增进感情的场所④

~开"火锅派对"，拉近彼此关系~

日本战国时期，茶道大师千利休一改往日铺张奢华的茶风，改创狭小的茶室。在狭小的茶室中，人与人之间顿生亲近感，对相会的机会也倍感珍惜。而且，在茶室中人们可以抛开身份地位专心品茶，希望借此超脱世俗进入洁心净身的境界。

其实，在家中举行"火锅派对"，也能很好地增进男女朋友之间的感情。地点就在自己家里，除了恋爱对象之外，再邀请几位双方的朋友，让气氛更加热烈。家里的空间一般不会太大，几个朋友围坐在火锅旁，那气氛可想而知。在品尝美食、饮酒作乐的过程中，大家会将白天工作上的烦恼抛到九霄云外。在谈天说地、东拉西扯中，彼此之间的感情不知不觉就加深了。而且，当人肚子吃饱后，更容易对周围的人产生好感。另外，如果聚会以女性为中心，狭小的空间中更容易营造出欢乐、和谐的氛围。由此可见，在家中举行火锅派对，能收到多种良好的效果。

初次约心上人时，请他（她）到家里来吃火锅，一般不会遭到拒绝。而且，在准备美餐的过程中，你洗菜、我切菜，两人通过相互协助也能增进彼此之间的感情。再加上朋友们助兴，一次火锅派对会变成两个人共有的美好记忆。这对加深感情、巩固关系来说，绝对是不可多得的好方法。

另外，开火锅派对的话，除了用日本式的"一锅煮"火锅之外，还可以采用中国式的"涮涮锅"。因为要自己夹菜去涮，更容易看出每个人的习惯、特点。比如，有的人喜欢把所有菜涮好后一起吃，有人喜欢在调料中加辣椒，有人把肉下锅后总是忘记捞……这些生活细节，只有非常亲近的人才能了解。反过来，了解了对方的生活细节，也就更容易走进他（她）的生活。

想提高自己与心上人之间的亲密度，

千万不能太“突出”自己。

夹生肉的筷子不能夹熟食！

障碍反倒能使爱情的火焰越烧越旺

~ 罗密欧与朱丽叶效应 ~

一般情况下，我们会认为门当户对、没有任何阻力、受到周围人祝福的爱情才会发展得比较顺利。实际上，当遇到外来阻力时，爱情的火焰反倒会越烧越旺。

心理学家曾对恋爱中的男女进行过有关爱情满意度的调查。结果发现，遭到双方父母反对的情侣，反而对爱情的满意度比较高。从这个结果我们可以看出，当爱情遇到阻力时，反而能增进相恋男女之间的感情。心理学家将这种现象命名为“罗密欧与朱丽叶效应”。《罗密欧与朱丽叶》是莎士比亚的一部戏剧。故事发生在十四世纪意大利两个积怨很深、相互争斗的家族之间。两个家族的独生子和独生女罗密欧与朱丽叶相恋了，他们的爱情受到多方阻挠，但两个年轻人决心冲破重重障碍，将忠贞的爱情轰轰烈烈地进行到底。双方的家人越是反对，两个人的心贴得越紧。

当彼此相爱的两个人不得不分手时，人会产生一种“不协和感”（不快感）。此时，要消除这种“不协和感”的心理效应就开始起作用。由于人的心理无法改变外界障碍的现状，于是就加深感情以逾越障碍。此外，人们还会产生错觉，把战胜困难的力量误认为是爱情的力量，把逾越障碍的成就感转换为恋爱的感情。

很多为了躲避家人的反对而私奔的情侣，在别人眼中他们演绎的是“轰轰烈烈的爱情”。但出人意料的是，这样成就的婚姻，很多最终都走向了离婚。受外界阻力而激发升温的爱情，往往经受不住悲伤的考验。两个人一旦遇到悲伤的挫折，爱情就容易产生裂痕。

罗密欧的父亲是盥洗室党的主席。

你还在和朱丽叶交往吗？

朱丽叶的父亲是洗手间党的主席。

不许再见罗密欧！
为什么？

家族的敌对，让两个人的感情更好了。
我们一定不能妥协！

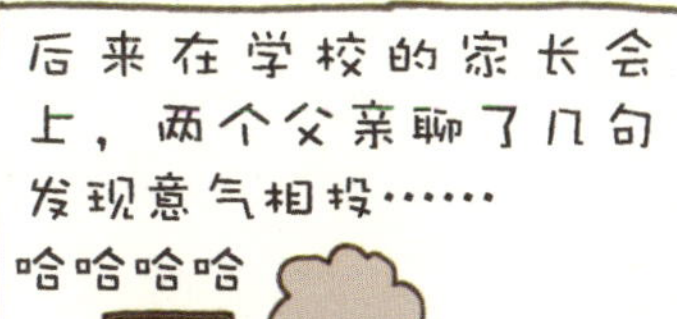
后来在学校的家长会上，两个父亲聊了几句发现意气相投……
哈哈哈哈

这也行？

让水把我们之间的仇恨冲走吧！
不愧是盥洗室党和卫生间党。
万幸万幸……

嗯
罗密欧
与
朱丽叶

礼物不要太昂贵

~ 好意的回报性 ~

位于日本东京银座的商场“Printemps Ginza”（春天百货），每年都要对顾客进行“有关圣诞节的问卷调查”。2008年设置的一个调查项目的结果显示，女性期待男性送给自己的礼物的平均价格为50827日元（约合人民币4000元，受调查者的平均年龄为35.5岁）。而另一方面，男性送女性礼物的平均预算为24071日元（约合人民币1900元）。由此可见，女性期待值与男性预算值之间的差额还是相当巨大的。据此，媒体每年都大肆报道称：“女性希望得到昂贵的礼物。”可是，如果女性果真收到了昂贵的礼物，她们一定会高兴吗？我想也不尽然。的确，很多女性对“圣诞节”这样一个特殊的节日充满了期待，也会为即将收到礼物而倍感兴奋。不过，50827日元说到底只是一个期待值。如果真的收到那么昂贵的礼物，对很多女性来说也会变成一种负担。

对于别人给我们的“好意”，我们会以同等的“好意”加以回报，以寻求心理上的平衡，这是大多数人都有的一种心理，而礼物就是一种具体化的“好意”。当我们收到昂贵的礼物时，会造成一种必须得加以回报的压力。如果不回报，会感觉对不起对方，心里承受煎熬。有时候，这种对不起对方的感觉，就会成为逃避对方的原因。经常有男性朋友会发出这样的感慨：“女人可真不容易满足。我送了她那么贵重的礼物，可她却对我不理不睬。”也许并不是女性不容易满足，而是您送的昂贵礼物把人家“吓跑”了。

特别是东方国家，有逢年过节送礼的习惯，而且人们也非常注重还礼。不还礼被视为不礼貌，而且一般情况下还礼与收礼的价值应该保持一致。在这一点上，东方国家比欧美国家的人更加在意，这种习惯也被带到了爱情中。所以，不论男女，千万不要送过于贵重的礼物给对方，即使你从没想过得到什么回报。

收到礼物很高兴，

但过于昂贵的话，就让人为难了。

对于收到的“好意”，大多数人会以同等的“好意”进行回报。

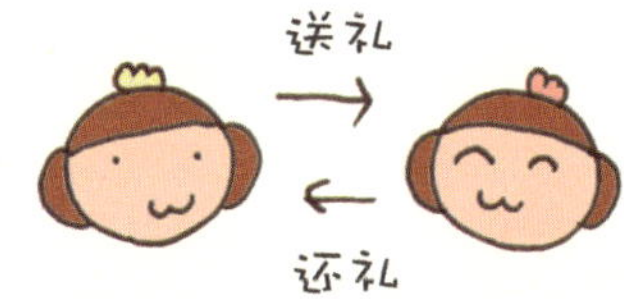

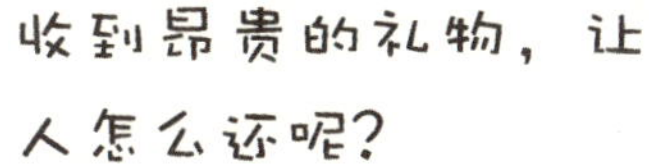

我用什么还呢？

不过，我这个人脸皮比较厚！

不管收到什么礼物，我都不会感觉不好意思，

所以……来者不拒！

适当接触，促进恋情发展

~ 身体接触的倾向 ~

现在的超市、快餐店，对员工服务态度和服务水平的培训都非常严格，比如在找钱时，一定要将钱放在顾客手中，不能掉落。这时，难免会发生手与手接触的情况。对男性顾客来说，当漂亮的女收银员在找钱时不小心碰到了自己的手，心中也许会立刻产生一阵悸动，甚至对她产生好感。而自我意识过剩的男性，没准会误解为："她是不是喜欢我？"不过，心理学认为这是一种不能自已的感情。当人被异性触摸时，大多会对对方产生好感。而且，这种现象多见于男性。因此，恋人之间，女性一方应该多接触男性的身体，特别是用手或手腕等部位，这样绝对可以加深男朋友对自己的感情。

曾有研究人员进行过一项心理学实验，他们以电影院或动物园中出双入对的男女为调查对象，看他们当中是男性主动接触女性、还是女性先接触男性。结果发现，根据男女之间关系的深浅程度不同，哪一方主动接触对方身体的情况也存在倾向性的差异。如果是交往不深的男女，多数情况都是男性主动接触女性；如果是已经交往了一段时间的情侣，那么男女主动接触对方的次数基本持平；而如果是夫妇的话，则多是女性主动接触男性。由此可见，男性是为了提高双方的亲密度而主动接触女性；而女性则是当亲密度提高到一定程度后，才会主动接触男性。

另外，还有研究结果表明，身体接触与自我告白之间也存在一定的关系。当一个人可以向对方敞开心扉、进行自我告白时，说的话越多，与对方发生身体接触的次数也越多。

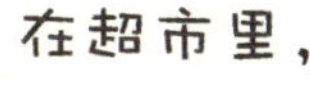

不经意间接触到收银员的手，

会感觉心脏噗通噗通跳个不停。

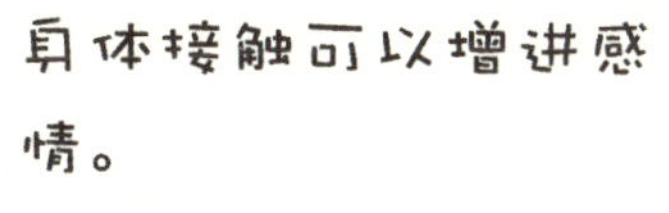

不过有时，异性的抚摸不一定都是好事……

嗯？香蕉的气味……

哼哼

我撒谎了！
我把香蕉吃了……

恋爱的原理

~ 恋爱使人的行为变得奇怪 ~

脑海中时刻浮现出他（她）的身影，想见到他（她），想和他（她）在一起，这种感情叫做“恋”。在“恋”的基础上，把对方看作比任何人或事都重要的存在，这种感情就是“爱”。可是，关于“恋爱”，谁又能说得清楚。

从1996年开始，美国纽约大学的神经科学中心展开了“探索恋爱原理”的研究。此项研究的中心人物便是人称“恋爱科学第一人”的人类学家海伦·费舍尔博士。费舍尔博士对情侣的脑内活动进行了扫描和详细分析，结果发现了与恋爱感情存在关联的化学物质以及人在恋爱中脑的活动情况。

根据费舍尔博士的研究成果，一种叫做“多巴胺”的神经传导物质与恋爱感情存在密切联系。人在恋爱后，体内会分泌大量多巴胺。在多巴胺的作用下，自己充满精力、不知疲惫、注意力也高度集中还会感觉对方是个很特别的人。另外，心脏悸动、不安、焦虑等恋爱中经常出现的不良情绪也是由多巴胺造成的。除此之外，人陷入恋爱后，在多巴胺的影响下，还会做出一些平时绝不会做的奇怪举动。

由多巴胺派生出的新肾上腺素对恋爱感情也能造成很大的影响。新肾上腺素水平增加的话，人就会出现失眠、食欲减退等症状。另外，如果多巴胺和新肾上腺素的分泌增多，那么脑内的另外一种物质——血清素就会减少。合成血清素的血清素神经正常工作的话，人的情绪就会比较稳定，能够避免因一时的动冲昏了头。可是，当血清素减少，血清素神经功能降低时，人就陷入不安之中，而且容易感情用事，表现出来就是终日心神不宁、如坐针毡。

恋爱使人的行为变得奇怪。

充满精力、不知疲倦。

失眠、食欲减退。

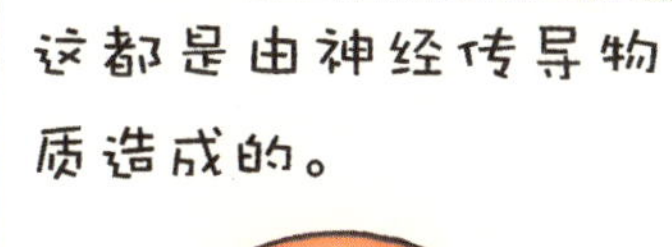

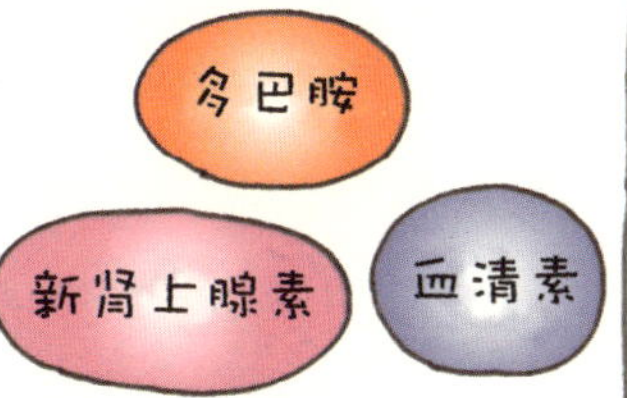

不只人类会因恋爱而变得奇怪……

一些鸟类在求偶季节也会……

红白歌会

求爱哇？

她干嘛？

恋爱是盲目的吗?

~ 陷入爱情中，人便失去了正常的判断能力 ~

恋爱能让人失去理性。爱上一个人后，我们眼中就只有他（她），其他的一切都被挤到次要的位置上。如果有朋友提出理性的“忠言”:“你和那个人不适合”，在我们听来会非常的“逆耳”。此时的我们根本作不出冷静的判断，因为热恋的人已经被爱情“蒙蔽”了双眼双耳，无论如何也找不出对方的缺点。这简直就是一种“盲目”的状态。可是，对于人生中非常重要的恋爱对象，人为什么会如此盲目地进行选择呢?

英国几所大学的研究人员对于人们在恋爱中表现出来的“盲目”以及其中的原因进行了深入的研究。研究小组使用了先进的脑成像装置，它可以将人类的大脑活动用图像的形式表现出来。结果发现，人在恋爱中，脑的某个区域会受到抑制，而这一区域的职责正是对事物作出否定判断。这种功能的衰退使恋爱中的人判断力变得迟钝，因此无法作出正常判断。不过，并不是说恋爱中的人对所有事物的判断力都很迟钝，而是只会对恋爱对象失去作出否定判断的能力，看对方身上全是优点没有缺点。“情人眼里出西施”、“爱屋及乌”等说的也是这个道理。

如果从科学的角度分析恋爱，那人就是在多巴胺的作用下燃起爱情之火，而这把火烧得我们对恋爱对象失去了正常判断的能力，只能看到他（她）身上的优点。可是，如果不能客观判断、评价恋爱对象，以后可就有苦日子过了。所以，我们首先应该了解恋爱这一“系统”的原理，认清恋爱感情的本质，然后再用心去爱。记住，是人谈恋爱，千万不要被恋爱给“谈”了。

恋爱中……
马虎
邋遢
小气

根本看不到对方的缺点。
邋遢
马虎
小气

这是由脑内活动造成的。
我是扁桃体。

它抑制了对恋爱对象
作出否定判断的能力。
最近我不想
管那么多。

看来爱情真
是“麻木”的。
嗯？

唉？
念错字！应该
是“盲目”的！

女性喜欢被爱的感觉

~为什么女性总喜欢听恋爱对象说“我爱你”？~

在恋爱中，女性更重视与恋人在精神上的联系。离开恋人时，女性常会感到孤独、寂寞甚至不安、惶恐。这时，如果能得到恋人在精神上的安慰，会真实地感受到“爱”的存在，从而安下心来。因此，女性总是期待从恋人那里听到“我爱你”三个字。别小看这简简单单的三个字，它能让女性感觉到自己是一个被人需要、具有被爱价值的人，从而得到极大的满足感，并倍感安心。

可是，很多男性却不了解女性的这种心理。即使了解，也并不当作一回事。男性不太愿意经常把“我爱你”挂在嘴上。他们不是“不爱”，而是因为害羞或感觉责任重大，才不愿轻易说出“我爱你”。特别是东方男性，更不太擅长直接用语言表达自己的爱意。很多男性总会找各种理由拒绝对女性说“我爱你”。其实，作为男性，还是要学会直接用语言向心爱的人表达心意，否则无法让对方感受到你的爱，而女性又是非常在乎这种感觉的。

另外，很多女性只要爱上一个人，就会心甘情愿地为他付出自己的一切。这种行为是由“想与心爱的人永远在一起”的心理所驱使的。作为女性，从始至终都会担心与爱人之间的关系破裂，为此，她们就会尽自己的所能去满足、讨好对方，甚至不惜放弃自己的习惯、观念去适应对方。而且，越是年轻的女性，这种倾向就越明显。随着年龄的增长，积累了一些恋爱经验之后，她们才会懂得去珍惜自己。据我了解，不少年轻女性只有通过付出自己的一切、甚至牺牲自己，才能真实感受到爱的存在。当然，每个人的性格、经历和境况都不尽相同，所以，也有不少女性能够独立地去爱。

女性就喜欢听另一半对自己说：“我爱你！”

说嘛，说嘛！

但是，很多男性却不愿意说“我爱你！”

不能随便说！

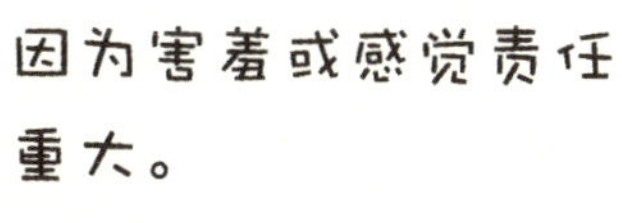

偶尔说一次嘛。

就那么难吗？

我不是不爱你，只是不能随便说。

样本猴小剧场

「样本猴的“明星”」之路④

“不光是脸，说话声音也是同样的道理。提高说话的声调，或者多用撒娇的语气，也是女明星的杀手锏。虽然女性不太会注意，但绝对能吸引男性的耳朵。”

“就是动画片中女孩子那种嗲嗲的语气吗？这个容易，只要稍微练习一下，我也可以。谢谢您的指点！”说完，娜娜就要往外走。

“嗯！别急，还早得很嘞，刚给你讲了个开头而已。要想当明星，还要在服饰上下功夫。”

“哎？服饰？那明星应该穿什么样的衣服呢？”

“嗯，那就要看你想当什么类型的明星了。如果要走性感路线，就穿低胸的衣服，突出身材曲线。颜色可以选给男性以强烈刺激的红色、橙色或黄色等。如果要走可爱路线的话，粉红色和淡蓝色等温柔的、轻盈的浅色调比较合适。尤其是粉红色，能够激发出男性强烈的保护欲。”

（待续）

第四章

从爱到依恋

夫妻的恋爱心理学

很多徜徉在爱河中的恋人，最终都选择了用另外一种形式继续他们的爱情，那就是结婚。结婚成为夫妇之后，彼此之间的爱情可能进一步加深，但不知从什么时候开始，爱情会转变成另外一种感情，那就是依恋。要了解夫妇之间的感情，维护幸福和谐的婚姻生活，请看第四章。

人为什么要结婚？①

~文化背景与经济、精神的安定~

人到了一定年龄，就会恋爱、结婚、生子。可是，为什么大部分人都会选择结婚呢？我认为其中的文化背景比较深厚。当我们还是孩子时，包括自己的父母在内，我们能看到很多大人都是以结婚的方式生活的。长大以后结婚、生子，似乎已经在我们脑海中成了一个定式。另外，结婚的原因还可能来自父母的意见、朋友的行动、社会的目光等。在这样的背景下，我们甚至会产生一种强迫观念，认为结婚是理所当然的事情，不结婚才不对。再有，当我们找到了人生伴侣，并想和他（她）生个孩子，如果不以结婚的方式结成夫妇，那么将受到来自社会各个方面的压力和不一样的目光。

另外，结婚之后，可以使夫妇在法律经济方面都享受到诸多实惠。而且，人类本身还具有一种想和他人在一起的所谓“亲和需求”，结婚正好可以满足人的这个欲求。结婚的对象就是和我们相伴终生的伴侣，因此在选择伴侣时，我们肯定会通过长时间考察选择适合自己且可以依靠的人。和这样的人生活在一起，自然也能给我们带来安心感。

有个婚姻介绍所曾进行过一项问卷调查，结果显示，有关“婚姻的优点”，不论男女，回答占前三位的分别是“使生活稳定下来”、“可以得到子女和家庭”、“能和心爱的人生活在一起”。除了以上男女共通的三点之外，还存在一定的男女差异，其中男性选择较多的还有“结婚后不再寂寞”，女性选择较多的则是“经济方面会比较稳定”。

综上所述，我认为大多数人结婚的理由是可以和心爱的人在一起，并得到经济上和精神上的安定。

对不起！我们是
电视台的，想采
访一下二位。

这还用说吗？
请问，你们
结婚的理由
是……

哎？
当然是为了
这个！

人为什么要结婚呢？

因为人在心理上渴望和
别人在一起。

好孤独、好寂寞……

另外，和心爱的人生活在
一起，无论在精神上还是
经济上，都能比较安定。

人为什么要结婚？②
~从直立行走中诞生的婚姻体系~

接下来，我们将从一个全新的角度来分析人类的婚姻体系。人类学家费舍尔博士认为，我们人类选择固定的异性伴侣共同生活的行为，与我们的进化过程存在密不可分的关系。

我们的祖先从树上下来之后，便逐渐学会了直立行走，并通过狩猎获得了营养丰富的肉食。肉食又让人类的大脑发达起来。不过，在大脑变大的同时，人类的骨盆也发生了变化。因此，虽然人类变得更聪明了，但分娩却成了难题。于是，人类的母亲必须得在胎儿的脑袋长得太大之前就把他们生出来。结果，人类的婴儿在降生时，其实远未发育成熟。很多哺乳动物一出生就能站立、行走了，但人类的婴儿出生后要经历一年左右的时间才能学会走路。照顾孩子需要花费大量的时间和精力。要移动不会走路的婴儿，只有抱着或背着，而在人类学会直立行走前，是不存在这个负担的。

为了分担养育后代的重任，人类才建立起了与固定的异性伴侣共同生活的体系。有了固定的伴侣，不论安全还是食物上都有了保证。由此我们可以推测，正是人类的进化过程推动了婚姻这种形式的产生。

从心理学的角度分析，女性非常重视与伴侣之间的关系。很多女性在没有可以依赖的男性时，会感到不安。女性的这种心理也可以说是由人类的进化过程造就的，因为女性抚养儿女需要得到男性的帮助。如果既要照顾孩子还要寻找食物，简直是不可能完成的任务，于是便造成了女性对男性的依赖。而女性为了让孩子得到更好的照顾，甚至会付出一切维护和伴侣的关系。这也就是现在很多女性会为爱人奉献一切的原始动机。

有一种说法认为婚姻这种形式是由人类的进化过程催生的。

人类学会了直立行走，

但生出的孩子却处于未成熟状态。

因此，母亲需要一个固定的异性伴侣帮忙照顾孩子。

由男性负责安全，并保证食物供给。

婚姻真的是爱情甚至人生的坟墓吗?

~ 男性从婚姻中得到的好处 ~

怀孕、分娩、育儿真的是非常辛苦，只有亲身体验过才知道其中的艰辛。因此，女性需要通过结婚的形式找一个固定的男性伴侣帮助自己。这个伴侣可以给自己和孩子一个稳定、安全的生活环境，在养育孩子方面也能给予一定的帮助。此外，丈夫还可以给妻子精神上的安慰。从社会角度看，婚姻还能对男性的“不专一”行为起到一定的抑制作用。由此可见，婚姻是很适合女性人生的一种形式。

可是，有不少男性却感叹：“婚姻是爱情和人生的坟墓！”对于追求“量”的男性来说，一辈子只陪在一个固定的女性身边，实在缺乏乐趣。不过，婚姻果真如此无趣吗?

首先，男性自己不会怀孕产子，所以，自己一个人根本无法完成传宗接代的重任。而结婚这种形式，给了男性一个繁衍子孙的机会，这是结婚的好处之一。其次，男性的性欲比较旺盛，出于本能想与更多的女性发生关系，以留下更多的子孙。但是，在现在的文明社会中，不可能随便抓到一个女性就和人家发生性关系，这是触犯法律的。因此，结婚这个形式既可以让男性合理合法地满足自己的性欲，又能传宗接代，这难道不是一件好事吗?

结婚的好处还不止于此。结婚后，以前一个人的生活现在两个人分担，大家都会轻松一些。有妻子在家里洗衣、做饭，解决了后顾之忧，丈夫便可将精力集中到工作上。这可以说是结婚带给男性的一个实实在在的好处。另外，有了孩子之后，丈夫自然而然会产生责任感，这将给男性的生活注入前所未有的活力。“我必须保护妻子孩子，他们都要依靠我呢！”这种积极的心理，可以从精神上减轻肉体的辛苦。综上所述，婚姻还是能给男性带来很多好处的。

猴太认为结婚就是辛苦的开始。
家务劳动
每天零花钱只有10元
自由度为零

结婚真是人生的坟墓啊！

不过，可以有个家庭，还能生孩子。

还有人分担家务……

嗯！万一家务活全让我干怎么办？

啊！还是坟墓！

为什么会出现“恐婚症”？

～其实是对“变化”的恐惧～

当婚姻大事已定，正在筹备婚礼的过程中，有些人会突然感到不安。能够和心爱的人永远生活在一起，本来应该是一件幸福无比的事情，可为什么会突然对结婚产生恐惧甚至厌恶的心理呢？这就叫作“恐婚症”，多见于即将结婚的女性。随之而来的，可能会出现焦虑不安、失眠、食欲不振等慢性症状。

“恐婚症”的原因因人而异，但大多是对即将出现的“变化”感到恐惧而造成的。结婚可以说是人生中的一件大事，人越是在乎想得就越多。比如，结婚后自己的时间安排、金钱使用等都将发生改变。还有的人会莫名地感觉结婚后自己将失去些什么。再有，结婚后将和公公婆婆一起住也是女性惧怕结婚的一大原因。虽然少见，但偶尔也有男性患上“恐婚症”的，他们多半是惧怕被婚姻的责任给压垮了。

另外，筹备结婚仪式的过程本来是很愉快的，但如果婚礼弄得过于奢华，准备工作又十分复杂的话，就会变成一种负担，也容易让人产生厌恶婚礼的心理。特别是男性，他们更怕麻烦，所以多把筹备婚礼的事情推给自己的父母或未婚妻。

实践证明，大部分“恐婚症”的“患者”经过适当的心理调节，都能走出阴影，重新燃起对爱情和新生活的热情。不过，也有极少数“患者”的“病情”会逐渐恶化。其实，如果对结婚产生恐惧心理，可以先和未婚夫（妻）开诚布公地谈一谈，把自己担心的事情说出来，共同寻求解决的办法。除此之外，也可以向已婚的朋友讨教经验。出去做个短暂的旅行，转换一下心情也不错。另外，还可以幻想一下婚后的幸福生活。这种方法虽然听起来有点傻，但相当有效。相反，当你的未婚夫（妻）出现“恐婚症”时，千万不能给他（她）再施加压力，而要进行心理上的疏导。

唉！看来我患上了恐婚症。
别急！我们来啦！

婆婆恐惧症

婚礼恐惧症
家务劳动恐惧症

一切烦恼帮您解决掉！我们就是……
结婚超人！
其实，是因为没钱举办婚礼……

?

那么，下周再见！
喂！你们……

从“爱”到“依恋”的感情变化

~“爱”之后的感情~

不管多么轰轰烈烈、热情似火的恋爱，都会有激情退却的时候。那么，随后会产生什么样的感情呢？“爱”会慢慢地、逐渐地变成一种更加深沉、稳固的情感，那就是“依恋”。在依恋阶段，热恋中那种朝思暮想的强烈渴望、没有对方不行的占有欲，将转化成一种安心感和愉悦心情。

通常情况下，我们所讲的“依恋”，是指婴幼儿对母亲等特定对象所怀有的好感和安心感。因为母亲伴随孩子的时间比较多，孩子能判断出母亲是“理解自己的需求和想法的人”。而夫妻或长时间交往的恋人之间，也能形成类似的情感。与对方在一起会感到无比幸福，根本无法想象没有对方的生活。很多研究者认为，“依恋”和“恋爱感情”是两种不同的感情，不可混淆。

科学家经过研究发现，“依恋”这种情感，是由一种叫作垂体后叶加压素的激素及其感受器造成的。科学家曾使用老鼠进行实验，结果发现，感知垂体后叶加压素的感受器正常工作的雄性老鼠对配偶疼爱有加，家庭观念强，不仅照顾家庭还帮忙抚育后代。而通过人工手段对感受器的机能加以抑制的老鼠，则变成了“花花公子”。

人类也有这种激素和感受器。有的男性单身时是个“花花公子”，可是一旦结婚就像变了个人似的，突然之间变成了负责任、家庭观念强的“好男人”。因为他们意识到妻子选择和曾经是“花花公子”的自己结婚，是冒了很大风险的，这也说明妻子非常爱自己。正是这种醒悟让男性体内的感受器开始正常工作。

不过，也有男性结婚后依然我行我素，到处沾花惹草。我认为，这可能是由于他们的感受器机能不正常造成的。

再热烈的爱情，

总有一天也会变为依恋。

彼此成为对方无法替代的存在。

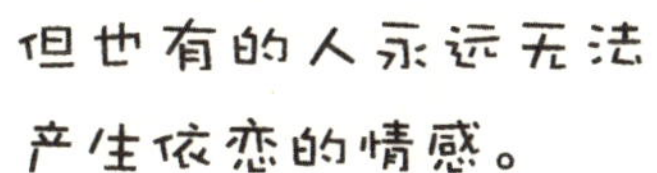

他们四处沾花惹草。

对这样的人，只有用“大棒政策”！

为什么男性“得手后就不理不睬”？

~ 柯立芝效应（Coolidge Effect）~

“结婚以前，谈恋爱的时候，男朋友经常带我到处去游玩，而且每次见面都会送我礼物。可是结婚还不到两年，这些‘节目’都没有了，就连‘夜生活’的次数也越来越少。难道是我变老了？还是老公有了外遇？……”发出类似抱怨的女性不在少数，她们有的为此感到不安，有的则对老公非常气愤。男性在婚前婚后的变化为什么会这么大呢？有句俗语叫不必给钓上来的鱼喂鱼饵，男性在得手后也会对女性失去热情，这种现象的背后隐藏着某种心理原因。

先给大家讲一个小故事。有一次，美国第三十任总统柯立芝与夫人去参观农场。两人分头参观，总统夫人先到养鸡场参观，看到公鸡在追逐母鸡，于是好奇地问农夫：“公鸡每天交配几次？”农夫答道：“好几十次。”总统夫人听后告诉农夫：“过会儿你要把这个情况告诉总统。”等总统到来，农夫果然把这一情况告诉了总统。总统想了想，眉毛一挑问道：“公鸡每次都和同一只母鸡交配吗？”农夫回答：“当然不是，公鸡每次都和不同的母鸡交配。”总统听后，说：“请你把这个情况告诉我夫人。”柯立芝总统一语道破了雌雄动物性爱行为的差异。生物学家在实验中也发现，雄性动物确实存在“喜新厌旧”的性态度，于是便将其命名为“柯立芝效应”。

结婚以后，性生活次数的减少并不是男性精力减退的信号，而是男性与生俱来的“悲惨命运”。结婚前，男性通过送礼物和约会等方式获得了一个“性伴侣”，其实男性的目的已经达到了。然而，在社会道德的约束下，男性需要和这个“性伴侣”结为合法夫妻。可是，从生物进化的角度来看，为了传宗接代、留下更多的子孙，与众多女性发生性关系是男性的一种本能。而结婚后，只能与妻子发生性行为，这根本无法满足男性的本能。于是，对男性而言，包括性行为在内，与妻子相关的行为都变得索然无味。除了人类之外，很多哺乳动物和鸟类也有类似的行为。为了防止男性的这种“可悲本能”肆无忌惮地发展，婚后的女性要学会不断给丈夫制造新鲜感。

谈恋爱的时候，每次见面他都会送礼物。

可是结婚后……“礼物”两个字对妻子来说越来越陌生。

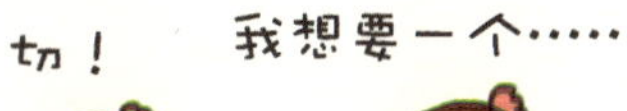

所以，每当妻子想要什么的时候……

就采取抽奖的方式给丈夫增加零花钱。

结果，丈夫就像猴子一样跑前跑后，有求必应。

可是，丈夫永远不可能中奖，因为妻子压根就没放中奖的签。

保持婚姻幸福的 SVR 理论

~ 夫妻间的互补关系非常重要 ~

人世间有很多令人羡慕的幸福婚姻，但也有不少夫妻无法和睦相处。当夫妻关系出现裂痕、婚姻生活无法顺利进行，而又找不到问题所在的时候，我建议夫妻双方按照心理学家马斯特因的“SVR 理论”，再回顾一下两人从相识、相恋到走进婚姻殿堂的这段心路历程。说不定就能找到问题的所在，也许还能相互理解、彼此宽容，从而展开全新的幸福生活呢。

S 阶段　刺激阶段　（Stimulus）

受到对方外表、行为、性格等的刺激。

V 阶段　价值阶段　（Value）

思维方式和行为模式相似，对于感情顺利发展很重要。

R 阶段　角色阶段　（Role）

分配角色，相互补充。

当两个人初次见面时，如果被对方的外表、行为和性格等吸引，就会彼此产生好感，这一阶段就是所谓的刺激阶段。在这个阶段，除了对方的外表、行为和性格等因素外，有关对方的传闻也是重要的信息。彼此产生好感后，如果开始谈恋爱，就进入第二个阶段——价值阶段。在这个阶段，两个人在一起的时间多了起来，一起做的事情也多了起来，因此，双方的兴趣爱好和价值观是否相似是影响感情顺利发展的重要因素。

如果再进一步发展，不仅需要双方的价值观相似，还要能分配角色、相互补充。例如，具有支配性格的女性和服从性格的男性，喜欢帮助别人的女性和寻求帮助的男性等等。实际上，除了马斯特因之外，很多心理学家也都提出，夫妻关系要想顺利发展，夫妻双方能够互相补充是非常重要的。

如果对 SVR 理论进行简单的概括，那就是“受到对方外表、行为、性格等的吸引而相识，并产生好感”，“彼此的价值观相似，从而成为恋人”，“如果能相互补充，就可以结婚成为夫妻”。没能走进婚姻殿堂的情侣，可能是因为不能互相补充。如果在谈恋爱阶段就分手，很可能是因为彼此的价值观差距太大。

夫妻能够分配角色、相互补充是婚姻生活幸福和谐的保证。

A B C D E F

下面我们分一下工。

好！

谁负责扫除？

我！

谁吃香蕉？

嗯～

因为“一家容不下二猴”。

记者招待会

请问离婚的原因是……？

使太太变年轻的粉色效应

~ 粉色，看起来就给人一种年轻、温柔的感觉 ~

世间的任何一个丈夫，都希望自己的太太永远年轻漂亮。而每一位太太也都在为了留住年轻的容颜而拼命努力着。瘦身、美容、整容、营养补药等能够大行其道，也都是因为迎合了人们的这种心理。

其实，太太们要想青春永驻，还有一个更为简单、速效的方法，那就是色彩的合理运用。具有代表性的就是“粉色效应”。粉色的范围也很广，选择其中淡的、浅的效果更好。色彩具有多种心理效应和身体效应，其中之一就是返老还童效果。粉色可以调节女性的激素分泌，使内分泌平衡，从而保持住青春的容颜。另外，明快的淡紫色也不错，如薰衣草色。女性穿着粉色或薰衣草色的衣服，看起来更有女人味儿。

除此之外，上述颜色还有一个附加价值。这些颜色可以使女性身体放松，并缓解肌肉的紧张感，甚至连性格也能变得稳重、平静。也就是说，粉色、淡紫色经常出现在女性生活中的话，女性可能会变得更温柔。再有，除了眼睛可以看到颜色外，我们的皮肤同样可以感知到颜色。因此，女性使用粉色或淡紫色的被子、睡衣、室内装饰品的话，同样可以取得很好的效果。美国加利福尼亚的一所监狱，把水泥色墙面粉刷成淡粉色之后，服刑人员之间打架斗殴等暴力事件明显减少了。由此可见，粉色有使人平静的功效。

作为丈夫，选择粉色或薰衣草色的衣服送给太太是最合适不过的礼物。因为，第一，女性都喜欢收到礼物；第二，永葆青春是每个女性的心愿，而粉色和薰衣草色就能在一定程度上实现她们的愿望。不过，丈夫送这样的礼物，可能还有另外一个原因，那就是希望太太的性格再变得温柔一些。这个理由可千万不能让太太知道哟！

太太永远年轻漂亮，
也是丈夫最大的心愿。

啦啦啦……

所以，丈夫经常送太
太粉色的礼物。

谢谢老公！

粉色能让太太们回到
少女时代。

粉色

女性
荷尔蒙
活性化

我希望老婆
永远年轻！
是什么？
是什么？

嗯？
DVD

粉色电影
（情色电影）

DVD

维持夫妻之间良好关系的法则

~ 丈夫可以为妻子做的事 ~

热恋时的澎湃激情总有退却的一天，随着爱情的发展，恋爱感情会逐渐转变成依恋感情，而两人之间的关系也会发生微妙的变化。例如，热恋时，可以容忍对方的很多缺点，甚至把它们当作可爱之处，但结婚一段时间后，这些缺点变得令人难以容忍。所以，对于进入依恋阶段的夫妻来说，要想维持良好的夫妻关系，推进婚姻生活的健康发展，从心理学的角度来看，还有一些需要注意的事项。首先，总结一下丈夫可以为妻子做的事情。

1. 早晨起床的问候语

每天早晨醒来，丈夫主动地、温柔地问候一句："亲爱的，早上好！"这比早晨的阳光还温暖，能够直接暖到妻子的心。不管关系多么亲密，问候也是必不可少的。它能让妻子体会到丈夫对自己的重视和关注。丈夫一句简单的问候，可以让妻子开心一整天，何乐而不为呢？

2. 对妻子要永远感兴趣

对妻子要永远感兴趣，这样传递给妻子的信号就是"我一直都在关注你！关心你！"做法也很简单，例如，当妻子要外出时，问一句："去哪儿啊？路上注意安全！"另外，丈夫还要经常关心一下妻子的想法、感受，可以随时问一句："冷吗？""不舒服吗？""在想什么？"……丈夫的关心，能让妻子感觉安心。

3. 认真听妻子讲话

当妻子说话时，丈夫暂时不要乱插嘴或发表自己的意见，先等妻子说完，而且还要认真听。必要的时候附和两句，或适当、适时地提出一两个问题。要知道，把积压在心里的话说给丈夫听，也是妻子释放压力的一种方式。所以，每天只需五分钟，丈夫最好关了电视、放下报纸，看着妻子的眼睛认真地听她“发牢骚”。

4. 偶尔送个小礼物

丈夫偶尔送个小礼物给妻子，是增进夫妻感情的好方法。这可以表明“我一直都很在乎你！”下班的路上，挑选一两样妻子喜欢的东西，回家送给她。女性对于这种“小惊喜”的“抵抗力”是非常弱的。

5. 不要忘记纪念日

结婚纪念日、妻子的生日以及其他重要的日子，不管过了多少年，都是不能忘记的。忽视了纪念日的重要性，会影响夫妻之间的信任感。现实中有很多这样深刻的教训。

6. 尽量多地进行肌肤接触

肌肤接触是夫妻之间传递爱意的好方法，但随着年龄的增加，可能老夫老妻之间羞于做这些事，尤其是丈夫。如果实在不好意思，可以给妻子做做按摩。通过这种方式接触对方的肌肤，也能很好地表达自己的爱意。

7. 把感谢的心情用语言表达出来

把一座空房子变成家，要付出多少辛劳，相信只有操持家务的主妇心里最清楚。因此，对于终日辛勤操劳的妻子，丈夫要心存感激，而且要经常用语言把感谢的心意对妻子表达出来。这是妻子最大的安慰。如果丈夫实在不好意思开口，至少要在心里对妻子充满谢意，感性而细腻的妻子能敏感地觉察到丈夫的心理。

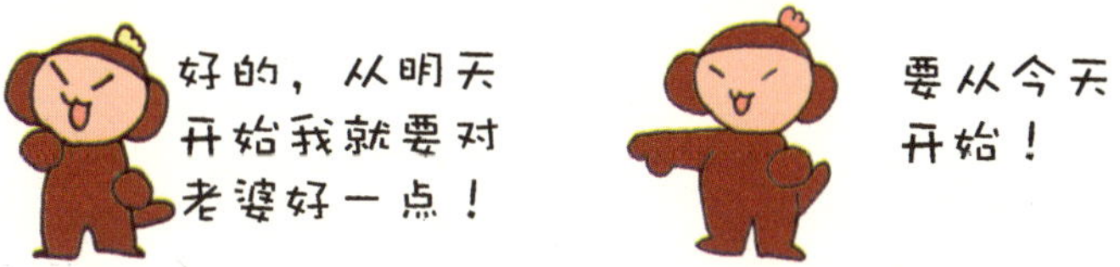

维持夫妻之间良好关系的法则

~ 妻子可以为丈夫做的事 ~

接下来，就是妻子可以为丈夫做的事。

1. 不要“盘问”丈夫的行踪

“你今天都做了些什么？去哪里了？和谁见面了？……”不管是平时还是周末，对于丈夫的行踪都不要“盘问”得如此仔细。否则会让丈夫感到“窒息”，造成欲求不满。男性最不喜欢受人束缚，如果得不到适当的发泄，压力积压太多也许会在某一时刻突然爆发，或者造成精神紧张甚至出现心理或身体的疾病。所以，聪明的妻子要给丈夫适度的自由，对于他的行踪不去太多过问。

2. 有需求就直接说出来

在现实生活中，妻子很少会向丈夫直接表达自己的需求，“我想要……”很难从妻子的口中听到。她们大多认为，和丈夫之间如此亲密，即使不用说出来丈夫也应该能察觉到，并对此充满了期待。但实际上，世间“粗心”的丈夫太多了，他们往往看不透妻子的心。当结果与期待相去甚远时，妻子就会对丈夫失去信任，甚至产生愤恨。可大多数男人天生就是这种“粗心大意”的动物。因此，当妻子有什么需求时，最好还是直接对丈夫说出来，不要让丈夫去猜。

3. 男性把家当作是放松的场所

现代社会竞争激烈，工作压力越来越大，男性白天外出工作赚钱非常辛苦，家就成为男性放松的港湾。所以，晚上和周末，丈夫就希望“窝”在家里的沙发上好好放松一下。但是，对于在家里操持家务的主妇来说，家既是放松的地方也是“战场”。

因此，在家里，妻子不可能完全忘记一切彻底放松下来，而看到丈夫在家里慵懒的样子，心理上难免会产生不平衡感。但是，也要理解丈夫的辛苦，不能盲目去责怪丈夫不做家务、不照顾家庭。妻子应该换个角度想，正是自己的辛勤劳动，才为丈夫创造了如此放松的环境。这也是一项不小的成就啊！要用宽容的心态，接受丈夫在家的慵懒。

4. 对丈夫要有一颗感恩的心

在职场中，丈夫每天面对牛鬼蛇神都得点头哈腰，对于不讲道理的上司还要忍气吞声，这样做不都是为了家庭吗？作为妻子，应该理解丈夫的难处，对他的辛劳要心存感激。其实，也不用专门做特别的事来表达感谢之情，只要一句："感谢你一直为家人操劳！"听了这句话，以后丈夫会比拉车的马还勤奋工作。

5. 要以宽容的心，容忍丈夫做无意义的事或帮倒忙

有时，丈夫好心来帮忙做家务，但笨手笨脚的他经常帮倒忙，害得妻子还得重新做一遍。比如，丈夫说要做菜慰劳妻子，结果不是炒煳了，就是盐放多了……这种时候，妻子一定不要去责怪丈夫，首先要把感谢的心情表达出来，然后再进行善意的指导，结果不是皆大欢喜吗？夫妻之间最重要的就是宽容。

6. 赞美

对一般人而言，表扬和赞美能激发人的干劲和热情，都能制造出好的结果。赞美可以给人一种期许，人会按照这个期许去奋起努力。这比通过责骂迫使其工作的效果要好得多。这在心理学上称为“皮格马利翁效应”。这种效应在家庭生活中同样适用，无论是对丈夫还是孩子，都可以通过这种心理效应让他们进步、成长。

样本猴小剧场

「样本猴的“明星”」之路⑤

“此外，明星还需要具备一定的‘信息性’。”

“‘信息性’？又是一个我没听说过的新词。”

“啊，就是说适当地传递一些信息。现在流行的博客就是不错的信息传递方式。把自己的近况、想法或想说的话写在博客里面，可以满足粉丝们的好奇心。不过，只写自己的感想效果还不是最理想。最好列出一个主题，让粉丝们也参与进来，这样就形成真正的互动。”

“这样啊。”

“另外，歌星在唱歌时会加入一些动作，这也是传递信息的重要手段。举个比较常见的例子，歌星在唱歌时喜欢横向挥手，这个动作的‘信息性’就很强，台下的粉丝会产生一种自己接收到某种信息的错觉。台上台下同步做同样的动作，粉丝会感觉和歌星融为了一体。”

“我明白了。难怪我在唱卡拉OK的时候也会跟着屏幕中的歌手一起挥手。”

“好了，接下来给你最后一个建议。”

（待续）

第五章

恋爱的危机、破裂以及重整旗鼓的恋爱心理学

掌握了心理学知识，并不一定能保证恋爱和婚姻顺利进行，心理学家也有不少离婚的。本来，男性与女性有过激情似火的恋爱之后，经过一段时间的相处，都难免出现危机甚至感情破裂，关键就看如何及时进行补救。

恋爱、依恋也有保质期?

~ 激情是有时限的 ~

首先，非常遗憾地告诉大家一个不幸的消息：爱情是有保质期的。经过激情似火的热恋之后，两个人走进了婚姻的殿堂。但是，那似火的激情不可能再持续燃烧好几年的时间，而是逐渐变成依恋，使两个人的关系稳定向前发展。不过，不少夫妻之间的依恋感情也会随着时间的流逝而出现裂痕，甚至走向离婚。这是为什么呢?

很多科学家都对爱情的时限进行过研究，其中比较有说服力的是一个意大利神经科研究小组的报告。该科研小组的研究人员发现，当人在谈恋爱时，脑内某种物质的含量比平时低很多。他们通过监测运送该物质的血小板数量，来分析热恋持续的时间。结果发现，热恋的持续时间只有 12~18 个月。当人陷入热恋中时，只会看到对方的优点，但这种状况最多只能持续 12~18 个月。

为什么热恋无法持续更长的时间呢？恋爱要消耗掉相当多的能量，会给身体和精神造成巨大的负担。人在寻求伴侣即恋爱的过程中，人体能制造出平时根本无法想象的能量。如果这种状况无限期持续下去，身体和精神也会像蜡烛一样燃烧殆尽。当人爱上另一个人的时候，会疯狂地想念他（她）的一切，从而体内分泌出一种叫做多巴胺的激素。这种激素让人焦躁不安、情绪亢奋，甚至茶不思饭不想，觉也睡不着。无论对体力还是精神而言，这都是相当大的负担。因此，激情也需要退却，人也需要冷静，这样不仅可以让我们的身心得以修养，也可以让人冷静下来，理性地判断对方是不是适合陪伴自己度过余生的人。所以也可以说，热恋不会持续太长时间，正是给我们机会评价这场恋爱的适当性和可行性。

激情的热恋只能持续12～18个月，
噢～

这是一种不让身体和精神负担过重的……
睡不着
吃不下

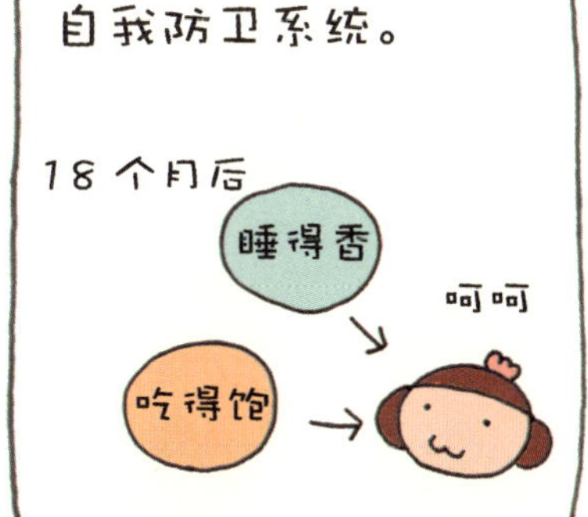
自我防卫系统。
18个月后
睡得香
吃得饱
呵呵

嘿嘿嘿
你太有智慧了！

18个月后
你说什么？
你比猴子还笨！

哼！
分手！

人为什么会离婚?

~ 离婚的原因及背景 ~

爱情降温之后，夫妻之间容易出现各种各样的矛盾。有时会因为鸡毛蒜皮的小事吵架，使两人之间的感情产生裂痕。随着感情裂痕的不断积累、加深，最终不少夫妻选择了离婚。离婚的理由多种多样，最常见的有“性格不合”、“家庭暴力”、“婚外情”、“金钱问题”、“抚养孩子问题”、“父母问题”等等。在“关于恋爱经验的问卷调查”的分析结果中，我们发现，在各种各样的离婚理由中，居首位的是“性格不合”。也许不少朋友会问：“两个人性格合不来的话，结婚前就应该有所察觉呀，为什么还要结婚呢？”但是要知道，人在恋爱中不容易看到对方身上的缺点，即使看到了也会容忍甚至纵容。

也许在你的印象中还会认为，那些离婚的夫妻大多是当初头脑发热、一时冲动选择的结婚，彼此之间并不太了解。在“关于恋爱经验的问卷调查”中，我们也对结婚前的恋爱时间进行了调查，结果果真有“冲动型”的人谈了一个月恋爱就结婚了。反之，也有苦恋12年才结婚的人。经过分析，我们还发现，离婚者的婚前恋爱时间平均为2.5年，而未离婚者的婚前恋爱时间则平均为2.8年。虽然两者之间有所差异，但差异并不算明显。据此，我们还不能判定离婚就一定是由于当初草率结婚造成的恶果。

我们认为离婚的一般过程是这样的：首先，两个人相知相恋，然后结婚组成家庭，爱情逐渐转变成依恋。以前从对方身上“看不到”的缺点也逐渐暴露出来，相互难以容忍，随后出现各种各样的问题，心中的不满也越积越多，直到最后爆发，结果就是离婚。从统计数字上看，现在3个家庭中就有1个破裂，走向离婚。另外，还有很多人想离婚，但由于金钱等问题不敢提出离婚。也就是说，还有很多夫妻过着“潜在离婚”的生活。

人为什么要离婚呢？

我们离婚吧！

好！

爱情能冲昏头脑、蒙蔽双眼，使人看不到对方身上的缺点。

一旦爱情降温之后……

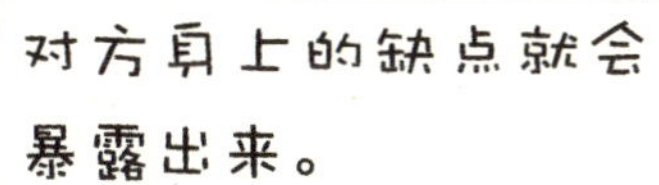

对方身上的缺点就会暴露出来。

结果，很多问题随之而来。

还是不要勉强在一起了……

“三年之痒”

~ 结婚第三年是个离婚高峰 ~

结婚后，夫妻之间形成的依恋关系非常不可思议。这种依恋关系有可能持续终生，也可能因中途发现对方的缺点而演变成厌恶情绪。构筑起良好的依恋关系，可以使婚姻生活更加长久、美满。关于依恋感情能够维持多久、以及依恋感情为什么会变得淡薄，目前正处于研究阶段，科学家们尚未给出明确的答案。

人类学家费舍尔博士横向分析了全世界58个地区关于离婚的统计数据。结果发现，结婚之初的几年容易发生离婚，结婚4年之后，离婚率逐渐降低。而且，离婚者具有如下特征：20多岁居多、有1~2个孩子的居多、再婚者居多。

根据我进行的“关于恋爱经验的问卷调查”，近年来，结婚后不久就离婚的家庭增多，而且在结婚第三年迎来离婚高峰期（调查对象为150名有离婚经历的人，他们平均的婚姻生活时间为7.2年，其中最短1个月、最长32年）。在日本有句俗话叫做“婚姻的保质期只有三年”，从我的调查结果看，日本人的婚姻不幸被这句俗话言中了。

费舍尔博士推测，之所以结婚第三年出现离婚高峰，可能与养育孩子的周期存在某种联系。结婚第三年，不少家庭养育的孩子有两岁左右，已经学会走路，也不用再吃母乳，开始可以托付给别人（长辈、保姆、托儿所或幼儿园等）照看。而在此之前的两三年里，妻子是需要丈夫帮忙的，因为孩子还小，无法一个人抚育。从科学的角度分析可以得到同样的结论，那就是在抚育幼儿的工作完成之前，家庭就是一个夫妻双方相互协助的系统。在荷尔蒙和脑内分泌物质的影响下，夫妻之间感情融洽。但是，当抚育幼儿的工作结束之后，这个系统就消失了。因此，结婚三四年后夫妻离婚、分别再婚的现象增多。从繁衍子孙的角度看，这也存在一定的合理性。

离婚高峰约在结婚第三年
1年
2年
3年
4年

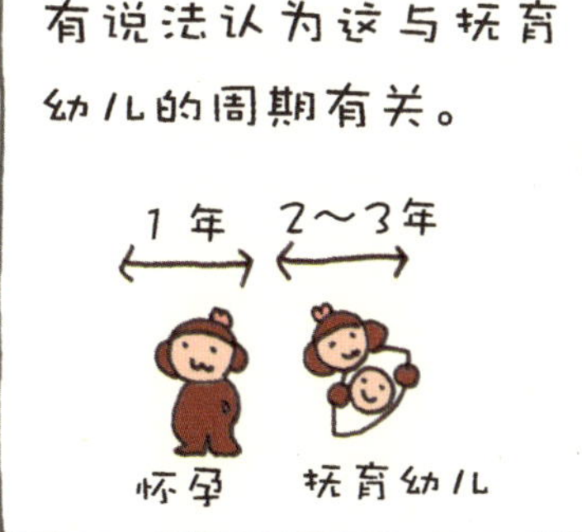
有说法认为这与抚育幼儿的周期有关。
1年
2～3年
怀孕
抚育幼儿

欢迎光临！
我想换个型号的老公。
猴子银行

您的老公使用未满3年，更换的话要支付较高的费用。
还真贵！
猴子银行

切！
猴子银行

谢谢惠顾！
那我以后再来。
猴子银行

保持夫妻、恋人关系稳定的心理学①

~不听人说话的男人讨人嫌~

爱情和依恋感情都会逐渐降温，这是一个永恒的规律。我们虽然不愿接受，但现实就是现实。交往一定时间后，恋人或夫妻之间总会出现矛盾，相互抱怨甚至争吵，不少人最终选择了分手。那些关系和谐、白头偕老的夫妻我们常称他们为“鸳鸯夫妻”。然而现实中的鸳鸯，只有在繁殖季节才会出双入对，繁殖季节一过就各奔东西。第二年的春天，它们又会各自寻找新的伴侣。也就是说，一只鸳鸯十年要换十个配偶。夫妻之间要保持几十年和谐、稳定的关系，是一件非常困难的事情，但我们不应该放弃。其实，从心理学和脑科学的角度分析，还是有一些方法可以帮助我们维持和谐的夫妻关系。其中之一就是“丈夫要学会认真听妻子说话”。

妻子的话题大多是家长里短、朋友的八卦、牢骚抱怨等等，而她们说话时也大多是自说自话式的。所以，大多数丈夫认为妻子说的话都很无聊。然而，女性通过这种方式可以发泄心中的不满、减轻心理压力。了解了这一点后，丈夫就应该理解妻子的苦衷，不要再觉得她们无聊，而且在妻子说话时要认真去听，至少要摆出一幅认真倾听的样子。如果丈夫能认真听自己说话，妻子也会感到莫大的安慰。反之，如果妻子无法把压力发泄出来，后果可能会很严重。

另一方面，作为妻子也要照顾一下丈夫的情绪，不要只是自顾自地把自己的感受宣泄出来，也要尽量在说话内容和方式上下点功夫，不让丈夫感觉到无聊。男性一般只把说话当作传递信息的工具，而对女性来说，说话还是缓解压力的手段。男女双方在了解了对方对待说话的态度之后，我想就可以进行更好的沟通了，因为所谓沟通毕竟是建立在相互理解的基础之上。

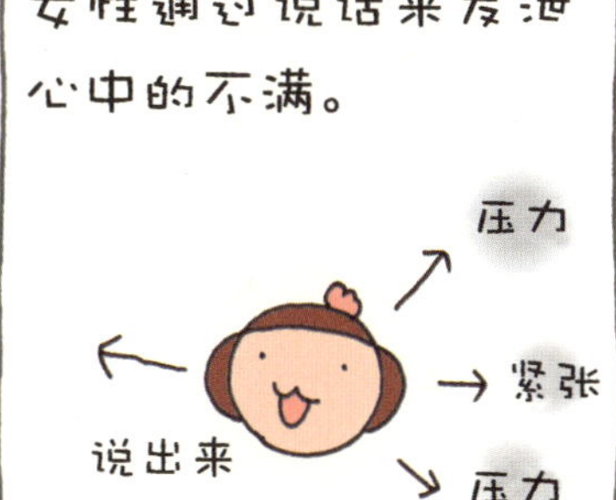

因此，丈夫最好认真听老婆讲话。

好的，你讲。

保持夫妻、恋人关系稳定的心理学②

~ 不可取的吵架方式 ~

恋人或夫妻交往时间一长，难免会发生摩擦、产生矛盾，因此，吵架在所难免。其实，吵架并不可怕。相反，如果有了小矛盾不通过吵架等方式发泄出来，不满意越积越多，矛盾会越来越大，也许有一天会使关系突然破裂。所以，有了不满就要“吵出来”。在此，要鼓励恋人或夫妻吵架，而吵架就是一个表达自我主张的形式。现代人不太善于表达自己的主张，这也是恋人或夫妻关系恶化的原因之一。因此，对于恋人或夫妻来说，保持“永不吵架”并不一定是最佳选择，适当地“小吵”几次无伤大雅，关键是要采取正确的“吵架方式”。

吵架时，很多女性会以攻击性的方式对男性加以批判，如“你怎么忘记了吗？！脑子进水了吗？”这是对男性人格的侮辱，是一种人身攻击行为，会严重伤害男性的自尊心。而男性为了找回自尊，会把责任推到女性身上，并为自己辩解，与此同时也对女性进行批判。不仅如此，男性出于自我防卫的考虑，还会采取蔑视女性的态度，并期望通过蔑视女性的方式来抬高自己。

如果口角进一步升级，不少男性会突然愤然离席，不再理女性，以沉默的方式表示抗议。沉默的抗议可以说是破坏关系的“杀手锏”。男性发怒时，心中会充满攻击性情绪，而如果带着这种情绪持续与女性吵架，心中就会涌起“使用暴力解决问题”的冲动。有一定修养的男性会在这一刻到来之前选择回避现状，即采取沉默的方式进行抗议。殊不知，这种方式的破坏性更强。再有，男女吵架时男性往往说不过女性，而不服输的心理也会驱使男性在即将败下阵来之前撤离战场，而选择保持沉默拒绝回应。

两个人共同生活的过程中，

处处充满了令人生气的事情。

发火是正常的，但要注意方式方法。

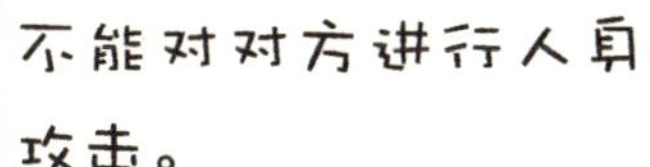
不能对对方进行人身攻击。

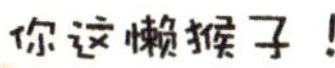

而应该正确表达自己的感受。

保持夫妻、恋人关系稳定的心理学③

~吵架也有规则~

那么，恋人或夫妻之间遇到矛盾时，如何才能把自己的感受表达清楚、使对方理解自己，而不破坏两人之间的关系呢？

接下来，我为大家介绍一种目前广泛应用于服务业和医疗事业的管理方法——“维护（Assertion）法”。这是一种“既尊重自己也尊重对方”的人际交往方式，与此同时它还是一种思维方式，即在充分理解对方的基础上，把自己的想法表达清楚。具体做法是：首先提示对方犯错的原因（行为），然后再给他（她）分析犯错的后果（影响），最后再将自己心中的想法（感情）传达给对方。

当对方忘记了自己拜托他（她）的事、或者没有遵守两人之前的约定时，如果不分青红皂白劈头盖脸就是一顿臭骂：“我说几遍你才能记住？你的脑袋秀逗了吗？”那么，结果往往会演变成一场针锋相对的唇枪舌战。我们应该和这种不理智的做法说再见，换一种说话方式，比如“如果你不及时把脏衣服丢到洗衣机里（行为），以后我还得单独给你洗一遍，要浪费好多水呢（影响）。每次看到水电费的账单时我都要大吃一惊(感情)。”虽然说这么一长串话有点费劲，但总比简单地用一句人身攻击发泄心中的怒火效果要好得多。而这种说话方式的重点就在于指出对方的错误行为、并把自己的感受传达给他（她）。

另外，被对方抱怨时，先不要急于为自己辩解，首先要认可对方的抱怨非常重要。这样一来，两人的对话既不会复杂化，还能避免不必要的争论，自然也不容易引起争吵。不管自己多么愤怒，也不要忘记尊重对方，之后再表达自己的想法。当人愤怒到一定程度时，容易被怒火冲昏头脑，此时最容易说出伤感情的话、做出伤感情的行为。因此，不要让自己的怒火蔓延，控制住自己的情绪也是每个人都应该学习的“情绪管理”。尤其是夫妻之间，当因为愤怒想批判对方时，用抱怨的形式代替攻击性的语言，也可以避免夫妻关系出现“硬伤”。

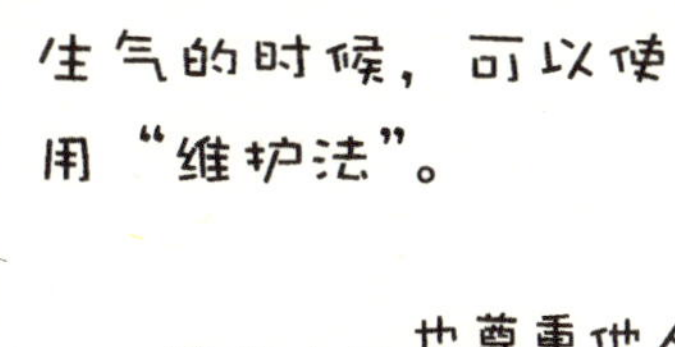
生气的时候，可以使用“维护法”。

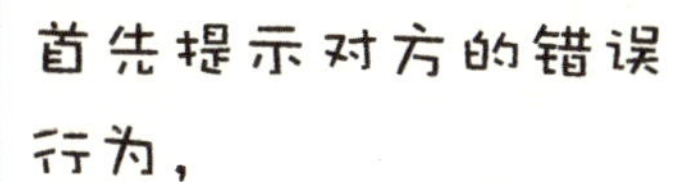
首先提示对方的错误行为，

然后再说明影响，

保持夫妻、恋人关系稳定的心理学④

~ 单调作业的神奇效果 ~

有时，不管使用什么样的说话技巧、不管多么地苦口婆心，对方还是不能理解自己。在这种情况下，再冷静的人都可能抓狂。那么我们该怎么办呢？下面我教您一个消气的好方法。“折纸鹤”、“擦锅”、“擦皮鞋”等单调作业就可以平息愤怒。

当人愤怒、悲伤、不愉快时，不能让这些不良情绪一直持续下去。否则时间一长，心里积累的压力过多，会引发各种心理和生理上的问题。我们要学会转换心情。这样，不管情绪多么低落、心情多么糟糕，我们都可以从中摆脱出来，而且还能将负面情绪转化为积极向上的动力。有研究表明，人转换心情的能力与一种叫做血清素的脑内物质存在某种联系。血清素由血清素神经合成，当血清素神经正常工作时，人就不会被一时的感情所左右，能从长远的角度看待自己与他人的关系，并具有前瞻性的眼光，清楚地知道自己现在应该做什么、不应该做什么。如果能把血清素神经激发得更加活跃，还能培养出体谅他人和换位思考的敏锐触觉，即能够站在对方的立场上思考问题、想对方心里之所想。

要想激发血清素的活力，有节奏的运动和单调作业都非常有效。因此，除了进行有节奏的运动外，把大扫除、折纸鹤等单调作业做得有节奏，也有助于我们平息心头的怒火、治愈心中的悲伤。

保加利亚有句俗语叫作：“夫妻吵架就去做黄油”。在保加利亚，做黄油的时候需要将材料放入一个细长的筒中，然后用一根棒子不停地上下搅动，这是典型的有节奏的单调作业。主妇在做黄油的过程中，就会逐渐释放刚才吵架时的怒气，心情自然而然也就平静下来。想了解单调作业的神奇效果，您最好还是亲身体验一次。

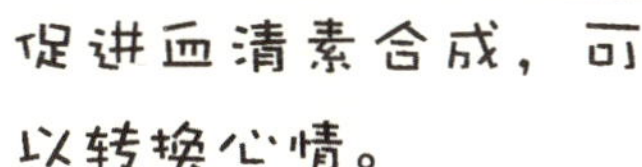
促进血清素合成，可
以转换心情。
我刚才为什么生
气来着？

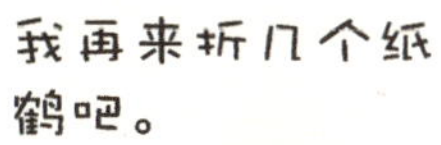
我再来折几个纸
鹤吧。

哼哼
有那么
生气吗？

如果夫妻吵架了，
我吃的！
怎么样？
刚才的香蕉，
是谁偷吃的？

可以通过单调作业转
换心情。
那家伙！真讨厌！
咔嚓
咔嚓

不断重复同样的动作，
AB AB AB……

什么是"嫉妒"？

~嫉妒心是怎么产生的？~

当我们陷入恋爱之中时，会强烈希望"独占"对方。如果对方与异性接触，我们心中会顿生憎恨甚至仇恨的情愫。这就是所谓的"嫉妒"，而嫉妒正是爱情的标志，也是进一步增进彼此关系的一种能量。不过，在大多数情况下，嫉妒带给我们的多是毫无意义的纷争，甚至给两人之间的关系留下阴影。其实，只要了解了嫉妒心的原理，正确地对待这种感情，它也并没有那么可怕。

我们从什么时候开始产生嫉妒心的呢？一般认为，人在2~5岁的儿童期开始产生嫉妒心理。但随着研究的不断深入，科学家发现人类产生嫉妒心的时间更早。有科学家曾做过实验，让母亲把注意力从婴儿身上移开，转向其他人或事物，看婴儿有何反应。结果发现，六个月大的婴儿就已经产生了嫉妒心，而且还会表现出嫉妒的行为。之后，科学家还对婴儿的嫉妒对象进行了种种研究，发现与书等物品相比，当母亲的注意力集中到布娃娃身上时，更能激起婴儿的嫉妒心。这说明婴儿对母亲注意力的改变是非常敏感的，而且嫉妒是人的一种早期感情，在很小的时候就已经存在了。

恋人、夫妻之间产生嫉妒的心理，多源于对方的"出轨"、"出轨之心"及其征兆。因为一旦伴侣出轨，就意味着感情、恋爱关系甚至家庭、钱财等都将付之东流。与此同时，"被出轨"的一方也会感觉到"自己失去了价值，没有第三者有魅力"。为了预防这种危机，人就会产生嫉妒心，并采取一定的行动加以阻止。嫉妒不只是一种心理，还是一种阻止行为。既是对自己缺乏自信的感情流露，又是一种不安的心理表现。因此，当人处于嫉妒中时，也最讨厌伴侣戳穿自己的这种心理。

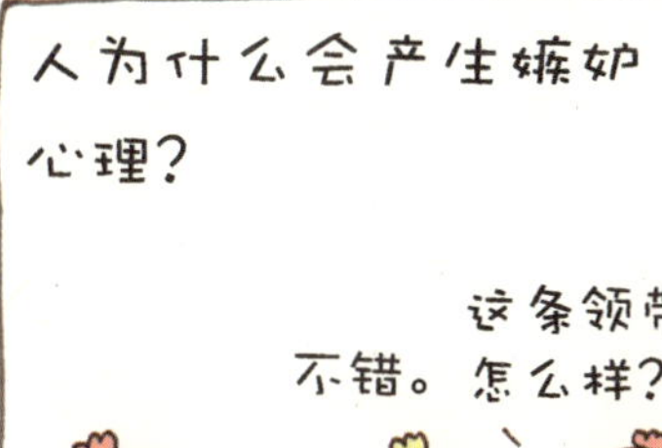
人为什么会产生嫉妒心理？
这条领带怎么样？
不错。

当伴侣的注意力转向他人时，
好看吗？
非常适合您。
嗯？

就会产生抑制不住的嫉妒心理。
我帮您调整一下。
哼……

此时，人会强烈地感到不自信。
这个售货员比我漂亮……
不错不错
嘿嘿

我要买这条领带。
啊！不行！

因此，当伴侣戳穿自己的嫉妒心时，人就会恼羞成怒。
你在嫉妒吗？
我·没·有！

嫉妒的男女差异

~ 男性嫉妒与女性嫉妒的差异 ~

不管男性还是女性，都会产生嫉妒心，不过，男女的嫉妒对象却不大相同。男性对伴侣在性方面的背叛行为会产生强烈的嫉妒心。如果自己的女朋友或妻子和其他男性发生性行为，那会让男人嫉妒得发疯。如果女性怀孕后，男性无法确认伴侣肚子里怀的是否是自己的孩子，会产生强烈的不安感。他们担心自己的伴侣生出别人的孩子，并对此怀有巨大的恐惧心理。

男性产生嫉妒心的原因还不止于此。从本能的角度看，男性希望与更多的女性发生性关系以传宗接代。当男性意识到这一点后，会更加惶恐不安。因为天下其他男性都和自己一样，在性方面不愿守什么“贞操”，这样，自己的伴侣也有可能成为其他男性的“猎物”。对此，大多数男性一辈子都会感到不安或恐惧甚至是愤怒。因此，很多男性婚后都愿意让妻子当全职主妇，这不仅仅是为了让妻子能够更好地照顾自己的生活起居，还是为了避免妻子与其他男性接触、使妻子真正成为自己的“私有物品”。

而另一方面，女性则对伴侣的精神出轨感到不安和恐惧，并因此产生嫉妒心理。如果丈夫爱上了其他女性，就意味着稳定的婚姻生活即将土崩瓦解。而女性怀孕、生产、育儿都是需要得到丈夫“大力协助”的。如果别的女人抢走了自己的丈夫，那么妻子有可能面对独立养育孩子的困境，而这对女性来说是一个“艰巨的任务”。因此，女性无论如何也不希望失去丈夫。这也是不少女性可以原谅丈夫在肉体上出轨的原因。

一般来说，我们认为女性的嫉妒心比男性更强一些，但实际上并不尽然，一些男性的嫉妒心被激发出来，也是相当可怕的。

嗯。
喝完咖啡我们……
啊！那不是老公吗？

那天晚上……
今天你和什么人去喝咖啡了？
哎？你怎么知道的？

我也要喝咖啡！
好……好的。

当伴侣在性方面背叛自己时，男性会产生强烈的嫉妒心。
竟然敢……

而当伴侣在精神上出轨时，女性会产生强烈的嫉妒心。
我爱你！
老公的心已经……

所以，有的女性可以原谅伴侣在肉体上的出轨。
只要不是认真的，玩玩也没关系。

人为什么会“出轨”？

~ 寻求伴侣身上没有的东西 ~

人出轨的理由多种多样。从本能上说，男性希望留下“数量更多”的子孙，而女性希望留下“质量更高”的子孙。男性除了伴侣之外，还想和更多的女性生育后代；而女性在养育一个孩子之后，又想寻找新的“质量更高”的男性生育后代。不过，这些只是人类的本能，如果按照本能行事，那么人类和动物又有什么区别？在我们人类社会中，有严格的道德规范和法律制约，所以人们的出轨行为得到了一定的抑制。不过，不管男性还是女性，其出轨行为不能完全归咎于本能。

当恋爱或夫妻关系维持很长时间之后，彼此之间的不满也会逐渐暴露出来。如果无法通过正常途径消除不满，有时，出轨就成了一个选择。人会从其他异性身上寻求伴侣身上没有的东西，来满足自己的猎奇心理，并借此消解心中的不满。

很多妻子生了孩子后，就把丈夫从原来第一的位置上拉了下来。对丈夫也不像以前那么温柔了，还经常对他发牢骚。遇到这种情况，丈夫自然会感到失落。此时，如果外面有其他年轻女性对自己尊敬有加、温柔体贴，丈夫很快就会失去抵抗力。在柯立芝效应等心理效应的作用下，丈夫就不会对妻子那么忠心了。

当妻子生了孩子后，在丈夫眼中，妻子的身份也发生了变化：她不再是原来那个美丽动人的少妇了，而变成了孩子的母亲。此时，如果妻子面前出现一个聪明又体贴的男人，并把自己当女人（而不是母亲）对待的话，她的芳心很快就会被俘获。

综上所述，当发现自己的伴侣出轨时，不能把责任都推到他（她）一个人身上，也要从自身找问题。对女性而言，为了防止丈夫出轨，要不断地让自己成长。即使青春的容颜不易留住，至少要保持一颗温柔的心，并不断给对方带来新鲜感，这样才不至于让丈夫对自己失去兴趣。

不过，再怎么努力，回到家也得不到回报……

本周排名
第1位 孩子
第2位 香蕉
第3位 购物
第4位 美食
……
第25位 孩子他爸

哼！

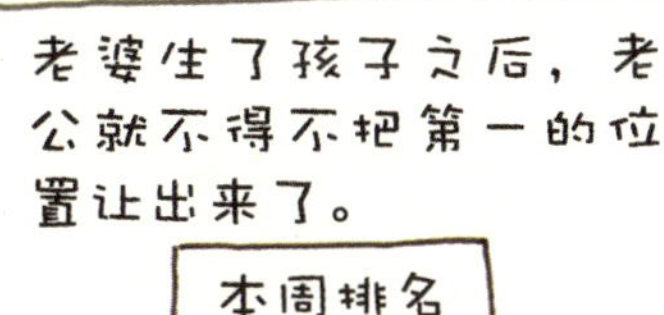

老婆生了孩子之后，老公就不得不把第一的位置让出来了。

本周排名
第1位 孩子
第2位 孩子他爸
第3位 香蕉
第4位 漫画书

唉！

而且，老婆对老公也没以前那么温柔了。

给我倒杯茶！
好～

因此，一旦有其他女性对丈夫温柔体贴一点，就容易激发丈夫出轨的“贼心”。

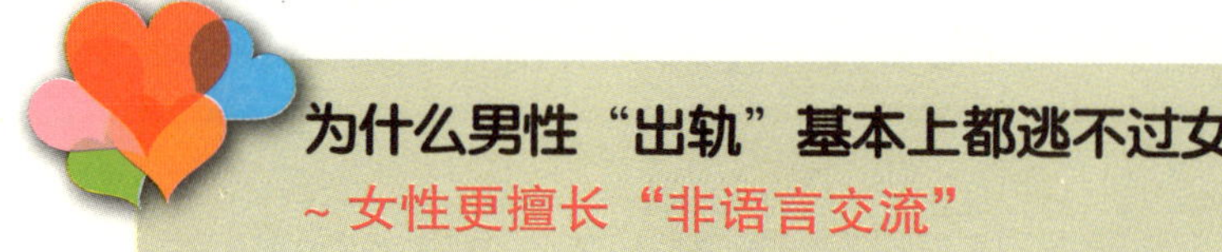

为什么男性“出轨”基本上都逃不过女性的法眼?

~女性更擅长“非语言交流”

据说女性的直觉都非常敏锐。尤其是对恋人或丈夫的出轨行为，简直是明察秋毫。有些丈夫有了出轨行为后，会变得心神不安，经常很晚回家，而且听到电话时神情还非常紧张。像这种比较大的变化，谁都察觉得到。但除此之外，即使是微小的“可疑”行为，都逃不出女性的法眼。莫非，女性对出轨行为有特殊的辨别能力?

其实，女性对伴侣的出轨行为非常敏感。其中一个原因，就是女性对出轨的危机意识非常强。对女性来说，怀孕、分娩、养育孩子是非常辛苦的一件事，需要一个好丈夫帮助自己。因此，为了维系和丈夫之间的关系、防止丈夫出现出轨行为，妻子逐渐“进化出”敏锐观察丈夫细微变化的能力。不论是丈夫的一个不同寻常的小动作还是说话语调的改变，妻子都能敏锐地捕捉到。

此外，与男性相比，女性更擅长不依赖语言就理解对方想法（即非语言交流）。女性可以通过表情、视线、动作等判断出对方的想法、意图甚至是否说谎。至于为什么女性的非语言交流能力要强于男性，有人认为，女性在育儿过程中，要了解还不会说话的婴儿的需求，就必须借助非语言交流能力进行判断。例如，孩子肚子饿了会是什么表情?尿片湿了又会怎样哭闹?……对于这些，女性只能通过婴儿的表情、行为进行判断。经过如此的反复锻炼，女性的非语言交流能力自然变得十分强大。

而另一方面，男性更倾向于根据理智进行判断，所以对于女性的外在变化或感情变化比较迟钝。

老公一旦出轨，立刻就会被老婆发现。

这是女性为了维系自己的生活而进化出来的能力。

老公出轨→离婚→收入↓

我必须阻止老公出轨！

通过动作看穿对方的谎言

~ 谎言能由肢体动作暴露出来 ~

除了出轨，夫妻之间还会相互隐瞒一些事情，甚至用谎话欺骗对方。有时，想要揭穿对方的谎言，仅从正面进攻、不停逼问，往往效果不佳。尤其是“说谎老手”，从他们脸上根本看不出任何破绽。为什么这么说？人的感情最容易通过脸部表情流露出来，因此，脸部表情也是“说谎老手”最注意掩饰的地方。要想戳穿对方的谎言，我们还得另寻方法，肢体动作就是很重要的线索。

1. 说谎后，人的手部动作增加，或者想把手藏起来

说谎后，手部动作变得不自然，会不自觉地摸摸嘴角、摸摸脸颊等。这是“想把嘴挡住”的心理所表现出来的一种行为，因为担心嘴会不自觉地把实情说出来。这也算是人的一种防卫本能。另外，说谎者也会意识到自己的手部动作不自然，由于担心这种不自然被人觉察出来，于是便下意识地把手藏起来，比如把手插在口袋里、背在背后、双手紧握等。

2. 说谎后，腿部动作增加

频繁地交叉双脚、不停地晃动双腿等增多的腿部动作，都是撒谎的典型标志。当脚尖的朝向有意避开对方时，也有撒谎的可能性。因为，人在说谎之后，心里多少会有些紧张，而说谎者想通过上述动作摆脱内心的紧张。

3. 说谎后，点头的次数增加

和说谎的人对话时，我们会发现他们点头的次数明显比平时增加了。那是因为他们担心对话一旦停下来自己就会无所适从、流露出不自然的表情，那样容易被对方看出自己说了谎。所以，说谎者为了让谈话顺利进行下去，多会频频点头附和。当您和某人谈话时，如果发现他点头的次数比平时多，那多半是因为说谎心虚造成的。

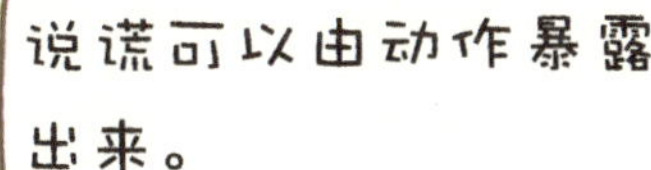
说谎可以由动作暴露出来。

脸
手
脚

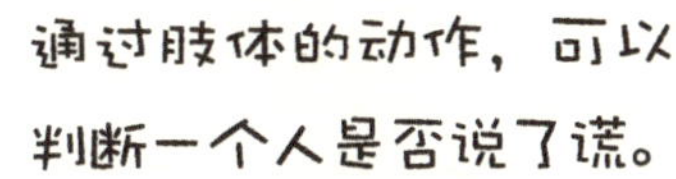
通过肢体的动作，可以判断一个人是否说了谎。

呼呼呼
踏踏踏

你背着我去相亲了？
你瞎说什么呢！
扑啦扑啦

你很可疑呀。
这样下去就完蛋了。
呼呼
呼呼

样本猴撒谎最高境界！
有了！

喂！
看不见 听不见
说不出

通过语言看穿对方的谎言

~谎言能从说话方式泄露出来~

除了动作，说话方式也是判断一个人是否说谎的重要线索。留心观察的话，会发现说谎者说话时存在很多可疑之处。

1. 说话结结巴巴

人在说谎之后，谈话时“这个……那个……”不知道说什么好的情况不断出现。说谎者为了掩饰谎言，觉得自己必须得说些什么，但一时又想不出来，于是便出现结结巴巴的情况。

2. 不自然地喋喋不休

有人说谎时后变得结结巴巴，有人则完全相反，变得喋喋不休。其实，这样做的目的是为了不给对方思考的时间，以防自己的谎言被揭穿。然而，在喋喋不休的话语中，也常会泄露想隐藏的重要信息。

3. 追加说明

“晚上我和同事去喝酒了……那个人是山下君……”像这样，对前面的内容进行追加说明，这也是隐藏谎言的一种表现，因为觉得不进行说明会引起对方的怀疑。实际上，刻意的说明，反倒有此地无银三百两的味道。

4. 回答速度超快

说谎的人担心自己说话结巴的话会被人怀疑，所以就对对方所说的话迅速作出反应，回答速度超快。说谎之后，人最害怕对话出现僵局，一旦沉默下来将不知所措，所以必须让谈话继续下去。因此，他们会非常认真地听对方说话，并且快速作出反应。

夫妻生活在一起是一个既美好又复杂的过程，有时还需要善意的谎言润滑彼此的关系。因此，发现对方说谎就立即戳穿他（她）也并非最好的处理方法，而是要根据实际情况灵活处理。这就要考验夫妻的情商了。

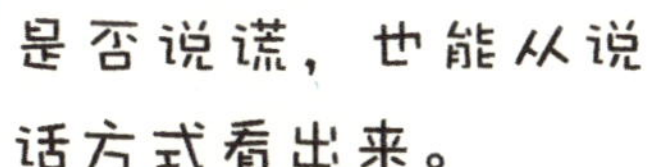
是否说谎，也能从说话方式看出来。

这个……
那个……
说话结结巴巴

%…&* ￥#
喋喋不休

那天你背着我去相亲了？
没有啊！那天我去喝酒了，是为猴山君举办的送别会。

你超可疑！
糟糕！这样下去要露馅了。

样本猴撒谎最高境界！
有了！

喂！给我站住！
我闪！
嗖——

陷入“不伦之恋”无法自拔的人们

~陷入“不伦之恋”，为什么很难抽身~

这里所说的“不伦之恋”，是指专喜欢那些已经结了婚的异性，偶尔一两次喜欢上已婚异性的不算。“不伦之恋”大多没有好的结局，很多陷入“不伦之恋”的人心里也非常清楚这一点，但就是深陷其中无法自拔，这是为什么呢？

在正常的恋爱关系中，“甩掉对方”和“被对方甩掉”的机会是对等的。因此，彼此付出的感情也应该是大体对等的。在这种平等的恋爱关系中，人会要求会对方付出的感情与自己所付出的感情大体相当，也就是说，对对方的要求会比较高。一旦得不到满足，感情破裂时，人会受到巨大的伤害。而“不伦之恋”不同，人在开始时就清楚“这种恋爱本来就是不可能有好结果的”，所以最初对对方的要求并不高，认为这段恋爱不会给自己造成太大的伤害。然而，随着恋爱的发展，同样会对对方提出比较高的感情要求。所以，“不伦之恋”最终同样会带来很大的伤害。当一段“不伦之恋”结束后，因为受到很大伤害，人会害怕下一段恋爱又要受到伤害，于是又会选择“自认为不会造成重大伤害”的“不伦之恋”。结果，便形成恶性循环。

另外，已婚的异性是“别人的东西”，这会让人生羡慕或嫉妒之情。这种感情有时会转化成一种占有欲，而把已婚异性抢过来据为己有，能让人产生极大的满足感。

从另一个角度来看，已婚的人只能爱自己的配偶一人，从本能角度来说，这会造成人对恋爱的欲求不满。因此，一旦有第三者对自己示好，已婚的人很容易就会出轨，陷入“不伦之恋”。

当然，“不伦之恋”也有结出“爱情硕果”的例子。有些已婚的人抛弃了自己原来的伴侣、家庭，与婚外恋对象结婚，重新组建了幸福的家庭。但是，这样的例子绝对是非常稀少的。

有的人陷入“不伦之恋”，无法自拔。

I ♥ 不伦

这是一种想把别人的东西据为己有的心理，

也是一种恋爱的恶性循环。

失恋的心理

~人脑中有一种想方设法减轻伤害的系统~

被心爱的人"甩"了，人会陷入极度的痛苦之中。食欲减退、夜不能寐、身体也会出现各种问题。可以说，失恋是人生中最痛苦的经历之一。有时被甩的人怎么也想不通，自己有什么不好？于是，便反复回忆过去交往的经历，想找出自己做错了什么，结果越想越痛苦。而且，还会不停地给对方打电话、发短信，希望回到过去。这是失恋初期的一种抵抗心理。这段时间，人脑内会分泌出一种既令人伤悲又思念对方的物质。结果，虽然已经分手，但对对方的爱情却加深了。这是一种令人不可思议的现象。

接下来，人脑的一种"防御机制"开始运转，这是一种回避、减轻伤害的系统。有人被甩之后，会给分手找一些"合理化"的理由，比如"这样对双方都好"等。也有人失恋后，会通过运动、旅行等方式排解心中的痛苦，这是一种比较健康的心理状态。不过，有的人则借酒浇愁、终日宿醉不醒，选择的是消极的逃避。更不好的做法是把责任推到对方身上，认为自己如此痛苦都是对方造成的，并把愤怒全部"投射"到对方身上。更恶劣的是，当爱情没有按照某些人的预期发展时，他们的爱情会立刻转化成一种强烈的愤怒，甚至对对方拳脚相加。对这些人来说，只要感觉自己没有获得期待的回报，内心就会充满愤怒。特别是男性，分手时对女友施以暴力的大有人在。其中有一个原因，可能是因为男性不太善于向朋友、家人倾诉爱情的苦恼，结果压力和不满越积越多，最终以暴力的形式爆发出来。

我劝那些容易冲动的男性朋友，即使被女朋友甩了，非常气愤，但在对她大打出手之前，请先冷静地思考一下自己愤怒的原因。不要被一时的情绪所左右，要做一个成熟的男人。另外，还要学会向朋友或家人倾诉，有时把话说出来，人就轻松了。

失恋是人生中最痛苦的经历之一。
啊？！
我们分手吧！

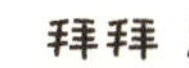

最初会有抵触情绪，但这也于事无补。
这到底是为什么呢？等等！
拜拜！

有人会给自己编几个合理化的理由。
这样对大家都好。

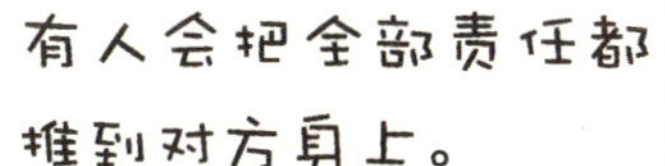

有人会把全部责任都推到对方身上。
那个狠心的女人！

也有喜欢暴力却又胆小的人。
救命啊！
敢甩我？我打你！

我妹妹，有话跟她说。
没有。

人可以经受多次失恋的打击

~ 重建信心，再度出航 ~

失恋了，有时不管我们内心有多么强大，也不可能将曾经真心相爱、朝夕相处的恋人一下子忘掉。恋爱所具有的能量是相当强大的，在短时间内抹去失恋造成的影响是非常困难的。有些失恋的朋友，用尽各种方法，想使自己从阴影中走出来，可都无济于事。于是，绝望的情绪悄悄蔓延。此时，恋爱中活跃的多巴胺也被抑制住了，人呈现出一种无助、无力、无望的疲惫状态。失恋后无尽的绝望甚至让不少人走上了自杀的不归之路。

失恋之后立刻爱上其他人，从常理来看这简直是不可想象的。但是，现在的失恋也许正是在为下一次恋爱积累精神力量。失恋之后，时间是治疗伤痛最好的药物。当人渐渐冷静下来后，会对过去的一切感到释然，同时也会发现自己变得更成熟了。从上一次失恋中得到的经验，肯定能帮助我们找到更有魅力、更适合自己的异性伴侣。

这样说不是安慰大家，其实，在人的一生中，绝不只有一场恋爱。学生时代、进入社会、中年危机后、步入老年，可以说人生各个时期都有精彩的恋爱故事。如果失恋一次就想放弃那么多美妙的恋爱，真是太不值得了。阳光总在风雨后，苦尽才能甘来，说不定下一次恋爱会更精彩。说了这么多，目的就是想告诉大家，不要因为一次失恋就消沉下去，人世间还有很多美妙的经历等待我们去体验呢。

换一个角度看，传宗接代本是人类的本能，可这种本能也带给我们莫大的快乐和彻骨的痛苦。现在，已经很少有人单纯地为了传宗接代而谈恋爱。谈恋爱本身就是丰富多彩的人生中一道不可缺少的美丽风景。当然，只有了解了与恋爱相关的原理、规则、心理等，才能让这道风景变得更加绚丽多彩。首先，我们要相信自己、肯定自己，有自信“也能谈一场精彩的恋爱”！

人在一生中，可以谈很多场恋爱。

不过，热恋最多只能持续12～18个月。

夫妻之间的依恋感情在3～4年后也会冷却……

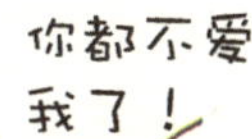

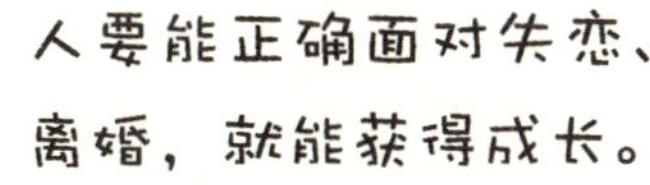

燃烧吧！小宇宙！明年我一定要找一个帅哥！

轰——

样本猴小剧场

「样本猴的“明星”」之路⑥

“最后一个建议是找人成立一个组合。与单独行动相比，组合会更受欢迎。这也是由人喜欢明星的心理所决定的。一个组合有多名成员，每个人有自己的特色，这样可以扩展粉丝的范围。而且，粉丝越多，明星的社会性越强。”

“什么？社会性？我不太明白。”

“举个例子来说，假如你喜欢一个不太知名的歌手，有时就不太好意告诉别人，因为你知道大多数人会和你有不同的意见。如果你喜欢的一个组合是大多数人都喜欢的，你就敢理直气壮地说：‘我也喜欢他们！’而组合就具有粉丝范围更广的特点。”

“原来如此，我大体明白了。难怪去看偶像组合的演出时，我都敢大声为他们呐喊。”

“是啊，看来娜娜已经知道该怎样当明星了。”

“嗯，非常感谢教授的指点！”

说完，猿叶娜娜给教授深深地鞠了一躬，然后道别离开了教授的房间。

明星之路上有鲜花和掌声，但也充满了荆棘和泥沼，想要成功必须付出艰苦的努力。加油！娜娜！

第六章

有关恋爱的杂学

最后，给大家介绍一些有关爱情、婚姻的杂学。另外，也给大家准备了几部著名的爱情电影。在介绍电影的同时，还会给朋友们讲解其中运用的心理学原理。相信一定能激起您对恋爱心理学的兴趣。

有关恋爱的杂学①
~订婚戒指的起源/有趣的订婚形式/有的公司居然给吵架的夫妻放假~

订婚戒指的起源

人类佩戴戒指的历史可以追溯到古埃及时代。当时的戒指由黄金、贝壳、宝石等材料制成。而且，那个时候人们就把无名指规定为佩戴戒指的手指。关于订婚戒指的起源众说纷纭，其中比较有说服力的说法认为结婚戒指应该起源于古罗马时代。戒指是圆环形的，而圆环象征着“永远”。订婚时交换订婚戒指，也是双方将信守诺言的证明。结婚戒指在11世纪开始推广开来，日本则在二战结束后迅速普及。总之，订婚戒指和结婚戒指是具有深远历史传统的一种文化，一直传承至今。大多数朋友都要结婚，婚礼时要和伴侣交换戒指，所以，我们也有必要了解一些有关戒指的历史和其中蕴含的深刻含义。

有趣的订婚形式

世界之大无奇不有，各个国家、地区的订婚、结婚习俗也各式各样、丰富多彩。以日本的京都为例，当有新人订婚时，亲戚朋友会带上熨斗、扇子，用木托盘盛着礼金去道喜。而接受礼金的一方，要当场把礼金的一成作为“回礼”返还给送礼方。意思是让道喜的人也“沾一点喜气”，祝福他们也能交好运。

有的公司居然给吵架的夫妻放假

在日本德岛有一家发行育儿杂志的出版社，社长规定，夫妻吵架的员工可以休假，每年累计可以休五天“吵架假”。目的是让员工回家修复夫妻之间的感情，改善关系。社长的理念是，如果连夫妻关系都搞不好，怎么可能办好育儿杂志呢？不过，非常“不幸”的是，这一规定出台三年以来，还没有任何员工休过这个假。

订婚戒指至少要值三个月的薪水，
要花那么多钱？
这可怎么办？

不过那已经是以前的旧传统了。
得救了。
呼～

现在，花1～1.5个月的薪水买个戒指就行了。
还是要花钱啊！
让我想想……

啊！戒指呀！
请嫁给我吧！

嗯？

你这抠门的猴子！
这个……

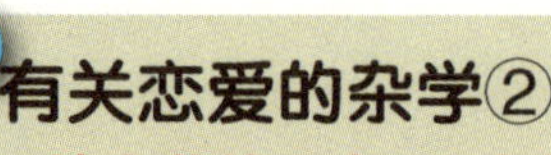

有关恋爱的杂学②

~情人节的由来/白色情人节的由来/谜一样的黑色情人节~

情人节的由来

关于情人节的起源有很多种说法，其中比较可信的是情人节起源于圣瓦伦丁纪念日。据说当时罗马皇帝对士兵的士气低落非常不满，于是下令禁止士兵结婚。有一位神父名叫瓦伦丁，他非常同情那些因禁令而无法结婚的士兵，于是秘密地为他们举行婚礼。可是，事情最后被罗马皇帝发现了，瓦伦丁神父在2月14日这天被处死。后来，青年男女为了纪念这位为守护神圣爱情而献身的神父，在他的祭日相互赠送礼物以表示自己的真心。至于后来为什么要送巧克力，那只是糖果企业的销售策略使然。

白色情人节的由来

情人节那天，男女互赠了礼物，为了回礼，1978年日本糖果糕点工业协会把3月14日定为情侣互赠糖果日（也有说是日本的老字号糕点店首先提出这个议案的）。可以说，白色情人节是日本首创的，但最近也推广到了不少其他国家。初期的白色情人节，情侣之间流行相互赠送白色的棉花糖。棉花糖中包裹着巧克力，寓意是将情人节赠送的巧克力包裹起来回赠对方，也可以说是将对方的心意温柔地保护起来。

谜一样的黑色情人节

每年的4月14日是韩国的黑色情人节。节日当天，那些在情人节（2月14日）和白色情人节（3月14日）没有找到恋人的单身男女会穿上黑色的衣服聚集到一起，吃黑色的中国面条（黑豆制成的面条，又说是拌有黑色酱汁的杂酱面）。说是情人节，却是为单身男女专门而设，而且是找不到恋人的单身男女，听起来还有点悲凉。实际上，那些热爱自由、害怕束缚的年轻人，非常热衷这个节日。

2月13日
啦啦啦……

2月14日
出发！

谢谢！
我喜欢你！

啊！
I love you!
萨浪黑哟！

哈哈，送出去153块巧克力。下个月，我就要发达啦！

3月14日 白色情人节
啊？
怎么没人回礼？

有关恋爱的杂学③

~ 昔日的相亲照片 / 婚纱为什么是白色的？ ~

昔日的相亲照片

现代人相亲，见面之前都会先交换照片，通过这一关才有可能见面。可是以前没有照相机怎么办呢？在近代欧洲，皇族或贵族在相亲时用肖像画当照片用。在那个时代，皇族或贵族家的女儿从小就被当作政治工具，她们的父母想方设法要把自己的女儿嫁入地位更高、更有权势的家族，最好是嫁入皇室。于是，他们就在女儿的肖像画上做手脚，让画师尽量把自己的女儿画得美丽动人。因此，见面之后对方当即推辞的例子不胜枚举。另外，还有一个有趣的现象：肖像画大多描绘的是人的左脸，女性的肖像画更是如此。关于这个现象存在很多解释，其中比较可信的说法认为人的右脸表情活跃，而左脸显得沉稳、温柔。

曾有一位心理学家对荷兰著名肖像画画家伦勃朗（Rembrandt Harmenszoon van Rijn，1601~1669）的 335 幅肖像画作品进行了研究。结果发现，与画家关系亲近的人，画家大多画其右脸；而关系不亲近的人，画家则多画其左脸。也就是说，关系越疏远，画家越愿意展示（或者说画家越愿意看）其左脸。

婚纱为什么是白色？

婚礼上新娘穿白色的婚纱始于 18 世纪后半期的欧洲，它的历史并不算太久。那么，婚纱为什么选白色呢？因为白色是处女、纯洁的象征。当时，白色婚纱是上流社会的专利，一般百姓只有羡慕的份。在日本，从室町时代开始，也出现了婚礼中新娘穿一身白衣的习俗，日本人将这种白色礼服称为“白无垢”。新娘穿三天之后才能换回普通的衣服。随着时代的发展，新娘穿白色礼服的时间越来越短，现在只有在婚宴上才会穿，婚宴结束立刻就会换回普通的衣服。

白色的婚纱是纯洁的象征。

在日本，新娘也要穿白色的礼服，名为“白无垢”。

“白无垢”表示一尘不染。

日本新娘还要戴一种白色的蒙头纱，叫作“角隐”，意思是隐藏棱角、做一个顺从的妻子。

另外，还是防止女性嫉妒心发作的一种符咒。

不过，这种符咒对现代女性来说，

爱情电影是最好的“恋爱参考书”①

~《泰坦尼克号》/障碍和独特的舞台让爱情的火焰越燃越旺~

电影中所描写的爱情故事，由于经过了编剧、导演的种种加工，因此比现实中的更令人感动。爱情电影中有许多值得我们学习的爱情信念和恋爱技巧。1997年公映并引起轰动的电影《泰坦尼克号》，就是一部经典的爱情电影，这部作品中运用了很多心理学的原理。

《泰坦尼克号》以1912年发生海难而沉没的豪华巨轮泰坦尼克号为舞台，描写了船上青年男女杰克和罗丝的爱情故事。罗丝是上流社会的富家小姐，对家长为其安排的婚姻感到非常苦恼，她不想嫁给一个自己不爱的人。就在这时，她在泰坦尼克号上遇到了一个梦想成为画家的穷小子杰克。罗丝和杰克坠入了爱河，和杰克的恋爱也拯救了罗丝痛苦的心。然而，这段爱情充满了障碍，其中资本家子弟的未婚夫和保守的父母是最大的阻碍。

不过，爱情有一个特点，那就是越遇阻碍越坚强，这就是“罗密欧与朱丽叶效应”。于是，两人爱情的火焰越燃越旺。再加上在客轮这个特殊的空间里，即非日常的场所里，人会有想谈恋爱的冲动。从痛苦中解脱出来的自由感、非日常空间的开放感以及各种各样的阻挠，让两个人的爱情变得坚定无比。更巧的是，泰坦尼克号撞上了冰山开始沉没。最终，在杰克的帮助下，罗丝获救，而杰克却永远地沉入了冰海。在鬼门关前走了一遭的罗丝，体验了死亡的恐惧，于是在“吊桥效应”的作用下，罗丝把恐惧时心跳的感觉混同为对杰克的爱了。因此，对杰克的爱情成为一种特殊的体验，永远地留在了罗丝的记忆中。

《泰坦尼克号》虽然也以“罗密欧与朱丽叶效应”为主题，但罗丝并没有像朱丽叶那样追随心爱的人殉情。她在杰克的感化下，选择了勇敢地活下去。

电影《泰坦尼克号》中充满了激发爱情的因素。

1. 障碍越多，爱情越坚强；

不同意！

父母反对

这样的经历随着时间的推移在心里会被进一步美化。

好悲伤的分别！

杰克！

爱情电影是最好的“恋爱参考书”②

~《恋恋笔记本》/恋爱参考书中的杰作~

如果想听爱情故事，我个人认为没有一个能超越《恋恋笔记本》。故事中，一位神秘的老男人每天都会准时去疗养院探望一位患有老年痴呆症的女人，他总是在腿上打开一本褪色的笔记本，轻轻地读给女人听。笔记本中记录的是在美国一个乡村小镇一对青年男女的恋爱故事。青年诺亚在一次偶然的机会结识了少女艾莉，并一见钟情地爱上了她。在父母的呵护下长大的艾莉，也被自由奔放的诺亚吸引。两人双双坠入了爱河。然而，一个是底层劳工，一个是前途有望的富家少女，门不当户不对，艾莉的父母强烈反对两人继续交往。这对恋人有一次深夜约会被艾莉的父母发现，结果为了摆脱诺亚，艾莉的父母带着她匆匆搬离了小镇。从此，诺亚就和艾莉失去了联系。数年之后，艾莉结识了富有的军官朗,并和朗订了婚。可是,有一次艾莉无意中发现一个很像诺亚的身影，于是又勾起了对诺亚的思念。而这么多年来，诺亚也从未放弃过对艾莉的爱情。就在艾莉即将和朗结婚的前夕，她决定去见一见诺亚……

复杂的女性心理和曲折的恋爱经历，是这部作品的看点之一。对初恋刻骨铭心的记忆与现在进行的爱情，艾莉将何去何从呢？《恋恋笔记本》是一部描写纯真爱情的杰作，同时故事中隐含着多种恋爱心理效应，是不可多得的恋爱参考书。故事主人公的爱情从诺亚的一见钟情开始，由此看来，果然男性更容易陷入一见钟情的爱情（请参考第 66 页）。另外，爱在哪里产生？爱情的火焰怎样才会越燃越旺？带着这些问题去读故事的话，能让我们学到不少恋爱心理学的知识。

有一个男人定期去疗养院给一位女病人读故事。

故事讲的是一对青年男女曲折的爱情经历。

故事从诺亚对艾莉一见钟情开始，

而且，在诺亚的心中这份感情一直延续着……

可见，一见钟情也并不都是一时兴起的感情。

这个故事在美国让450多万人泪流满面。

爱情电影是最好的"恋爱参考书"③

~《新郎不是我》/ 异性之间存在友情吗？ ~

2008年《新郎不是我》在美国公映不久，就创下了票房第二的奇迹。公映三天，票房收入就已高达1550万美元。这部电影中随处都是值得学习的恋爱心理学。

汤姆和汉娜从大学时代起就是好朋友，他们之间的友情一直持续了十多年。这对好朋友关系非常亲密，周末经常一起吃饭聊天，甚至一同分享一块蛋糕。有一天，汉娜出国公干。就在汉娜不在的日子里，汤姆突然意识到汉娜对自己来说是不可替代的存在。终于等到汉娜回国，两人一见面，汤姆正想把自己的心意向汉娜表白，可谁知汉娜却先抛出了一个惊人的消息：她在出差过程中邂逅了一个不错的男子，并和他订了婚。沉浸在甜蜜中的汉娜完全无视汤姆的反常，反而邀请他来自己的婚礼上当伴娘。本来伴娘应由亲密的女性来担当，由此可见汉娜对汤姆是怎样一种感情。此时，汤姆只好把心里话又吞了回去。

有人认为，爱情分为热烈的爱情和友爱的爱情两种。所谓友爱的爱情，是先有友情，然后感情一点点加深之后变成了爱情。汤姆和汉娜在一起的时间很长、距离很近，并没有注意到自己对汉娜的真实感情。非得需要一个意外事件的刺激，他才能意识到自己心中的爱情。有时，距离太近反倒成为友情升级成爱情的一道障碍。这部电影将友情和爱情之间那种微妙的差别淋漓尽致地描绘出来。

另外，电影中还提到了"伴娘"。伴娘是婚礼中给新娘帮忙的助手，一般都由新娘的闺中密友担当。美国人的婚礼中常见到伴娘，在中国也是如此——新娘有伴娘，新郎有伴郎，而日本人的婚礼中则没有这个习俗。因此，看爱情电影不仅能让我们学到恋爱心理学的知识，还能大开眼界，了解世界各国不同的习俗。

汤姆和汉娜是有十多年交情的好朋友。

分离后，汤姆才意识到自己对汉娜的爱情。

嗯？
我喜欢她。

异性之间存在真正的友情吗？

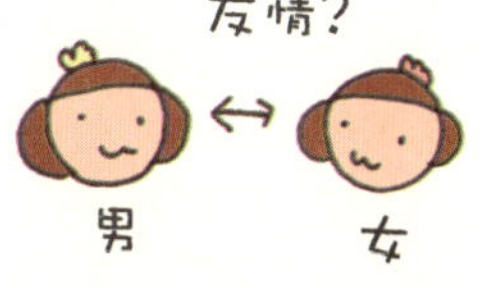

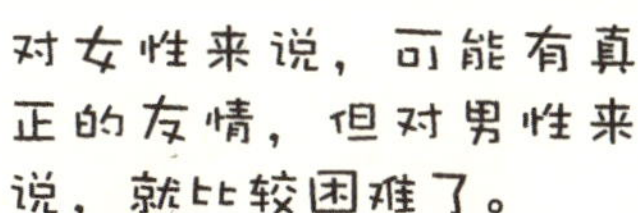

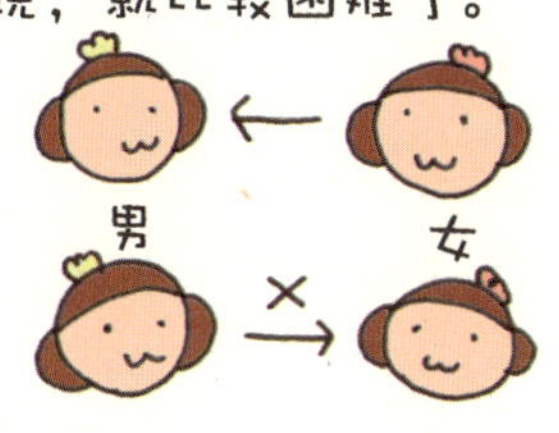

友情 → 永远 → 浅而长

爱情 → 有失去的风险 → 深而短

我该怎么办？

啊！我不知道！

爱情电影是最好的“恋爱参考书”④

~《我的野蛮女友》/男性的保护欲和互补性法则~

韩国电影《我的野蛮女友》讲的是一个软弱的男青年被一个野蛮又霸道的美女反复“折磨”的搞笑故事。这部电影一放映就引起了哄动，在韩国电影中的情节甚至发展成一种社会现象。

电影中的女主角外表清新可人，是男人眼中的理想情人，但她一开口完全和外表是两回事：野蛮又霸道。第一次邂逅，男主角牵牛一片好心救了因醉酒差点掉下铁轨的女主角，还背着烂醉的她到宾馆投宿，而当牵牛正在洗澡时，警察突然冲入他的房间，一丝不挂的他被带往警察局……初看上去，被这样一个野蛮美女“玩弄”，大家都为牵牛鸣不平。然而，软弱又优柔寡断的牵牛注定逃不出女主角的“手心”，而且，还渐渐地喜欢上了这个野蛮美女。

这就是所谓的“互补性法则”。对于具备自身所缺乏的气质的异性，人很容易产生好感，例如坚强的男性和脆弱的女性、积极的女性和谨慎的男性等。恋人除了在价值观上要有一定的共识外，互补的性格也能带来一种平衡而稳固的关系。此外，有些男性甚至在一定程度上喜欢被女性“玩弄”。

其实，女主角的心里隐藏着一个巨大的伤痕。当牵牛得知后，便激发出强烈的保护欲：无论如何都要让她幸福！在电影结尾，女主角在大树下向一位老伯倾诉内心感情的一段也是非常精彩的。那是能让人感受到从“恋”升级到“爱”的一段独白，赚足了观众的眼泪。本来以为是一部轻松搞笑的爱情电影，但后半部分实在太令人感动了。影片大团圆的结局也安排得非常巧妙。

最初，牵牛被女主角的外表所吸引。

优柔寡断的男主角和积极果断的女主角，

形成互补关系。

这就是所谓的互补性法则。

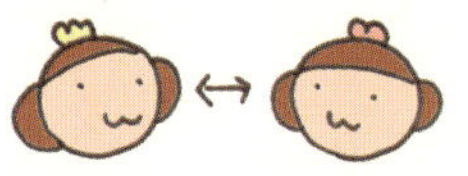

例如，患有畏寒症，夏天也必须穿袜子的女性，

和不爱穿袜子的石田纯一（日本歌手）就是绝配。

爱情电影是最好的“恋爱参考书”

~ 其他的恋爱参考书 ~

《真爱至上》——给我们恋爱的勇气

这是一部串连了十个爱情故事的电影作品。影片以首相的爱情故事为主线，展开十个发生于不同地方、情节不一的故事。这十个故事虽然各自独立发展却又相互联系。不同的爱情以不同的方式降临在不同的人头上，但相同的是，它们都发生在圣诞节到来前的五个星期。各异的爱情遭遇却蕴含相似的真情实感，真爱至上的主题贯穿其中。在如此多的恋情之中，相信一定能找到能使您产生共鸣的故事。

在恋爱中有一个“匹配假说（原理）”，即相似的两个人之间容易擦出爱情火花。人在无意之间会选择外表、立场等与自己相似的异性作为伴侣。这既是一种寻求平衡的行为，也是一种自我防御机制。然而，本片中登场的人物无一不对爱情充满勇气，宣扬了一种“恋爱自由、真爱至上”的思想，是一部鼓励人们勇敢恋爱的佳作。

《最后的礼物》——描写夫妻感情的感人之作

《最后的礼物》描写的是一个名不见经传的喜剧演员和在背后默默支持他的妻子之间的感人爱情故事。开始时，由于事业不得志，丈夫常因生活琐事和妻子吵架。可是有一天，他得知妻子已身患绝症但却一直瞒着自己。虽然影片的情节有点啰嗦，但对夫妻之爱、家庭之爱的描写非常深刻，高潮的展开也很巧妙。夫妻之间，有时会因各种各样的原因不能正确表达出自己的爱，所以交流与沟通就显得非常重要。如果能够时刻站在对方的角度考虑问题、理解对方的心情，就能实现真正的心灵相通。因此，可以说这是一部非常值得夫妻一同观看的影片。

《真爱至上》中一共描写了19个人的恋爱。

既有爱上秘书的单身首相，

也有画家、作家等的爱情。

任何人在恋爱中都很难保持清醒的头脑。

电影开头的一句话，概括了整部电影的主题。

Love actually is all around us.

真爱，
围绕在我们身边。

影片能让我们再度感受到爱情的伟大。

后记（恋爱改变人生）

恋和爱，将给人生带来巨大的改变。恋爱，可以让人成长；爱屋及乌，爱上一个人就会去喜欢他（她）喜欢的东西，从而拓宽自己的视野、增长知识、丰富兴趣爱好；关心一个人，让我们变得温柔、善解人意；为了让对方也喜欢自己，我们还会积极地磨练自己的性格……不过，恋爱有时也会让人学坏，甚至存在崩溃的可能性。因为爱屋及乌，在情人眼中，对方身上的坏毛病也能变成可爱之处。对于恋人的错误行为，我们也会睁一只眼闭一只眼，有时甚至还会“同流合污”。由此可见，恋爱是一把双刃剑，既可以让人成长，也可能使人堕落。

随着心理学和脑科学的发展，关于人类产生恋爱行为的秘密，大部分都已得到科学清楚的解释。如果我们掌握了恋爱的原理，就不会被恋爱弄得昏头转向。反过来，还可以享受更加丰富多彩的爱情，让爱情成为我们成长的动力，而不是堕落的催化剂。

最近，男女恋爱的形式发生了很大的变化。从本能的角度来看，恋爱原本是人类为了传宗接代而逐渐形成的一种关系模式。然而，在现在的年轻人眼里，恋爱和结婚、生子似乎没有太大的关系。而且，随着“草食男”和“肉食女”的出现，人们对恋爱的理解更加变得前卫。恋爱的目的已不再仅仅局限于传宗接代，而成为让人生过得更加丰富多彩的一种手段。

另外，最近“受语言左右”的人越来越多了。很多人除了对话外，很难通过其他交流方式读懂对方的真意。结果，人变得越来越肤浅，对浅显的语言忽喜忽忧，有时还造成巨大的伤害。可是非常遗憾的是，并不是所有人都能准确地用语言表达自己的想法。有时，心里想“东”嘴上却不知不觉地说“西”；本来兴高采烈，可写出的文字却撕心裂肺……我们不能再受语言和文字的任意摆布了。首先，不能把语言和文字当成表达心情的唯一手段，与此同时，也不能仅靠语言和文字来判断他人的感受。其次，应该打开自己所有的“感知器官”，运用各种手段表达自己，并通过各种信息判断他人。只有这样，人才有趣，恋爱才有魅力！

恋爱可以改变人生。变好还是变坏，全看个人的造化。只有把握恋爱深层次的原理，才不会被表面的感情所左右。这样在体验精彩恋爱的同时，也能让自己的人生变得与众不同。如果这本书能对您的恋爱道路有所指引，能给您的人生带来些许快意的话，我将感到万分荣幸！

木瓜制造 / 原田玲仁

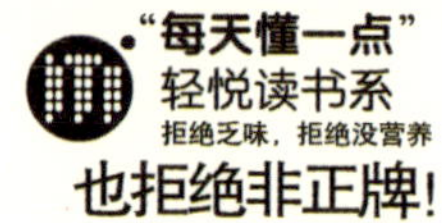

也拒绝非正牌!

—小编非说不可的话—

"每天懂一点"书系拒绝非正牌仿制

因为"每天懂一点"轻悦读书系的全面热销，近来遭遇了不少非正牌仿制。有最恶劣者,甚至假冒"每天懂一点"的名头招摇撞骗。我们提醒各位读者朋友,"每天懂一点"轻悦读书系有它的金字招牌，购买时请您认准封面右上角的标志。

另外，要特别提醒您的是,《每天懂一点恋爱心理学》仅此一本。想通过学习心理学提升恋爱运的朋友，一定要认准正牌标识。

作为年度最有营养、最有趣的书系，"每天懂一点"没有庞大的理论知识说教，只有标新立异和轻松的案例，最可爱的是穿插于书中的漫画插图，让读者不读正文都能心理学入门。这也是"每天懂一点"书系标志性的风格，期待您一如既往地喜欢。

为了回馈读者朋友们的厚爱，我们将再接再厉尽快奉上更多的正牌心理学图书。**顺便要预告的是，不久的下一期要推出一本教您如何看穿人心的心理学，敬请期待!**

对于恶意仿制图书者，我们会用一切法律手段来维护我们的权益。